方军◎编著

经商三忌

中国华侨出版社

·北京·

图书在版编目 (CIP) 数据

经商三忌 / 方军编著 .—北京：中国华侨出版社，
2006.3（2024.11 重印）
ISBN 978-7-80222-047-8

Ⅰ.经… Ⅱ.方… Ⅲ.商业经营—经验
Ⅳ.F715

中国版本图书馆 CIP 数据核字（2006）第 018626 号

经商三忌

编　　著：方　军
责任编辑：刘晓燕
封面设计：胡椒书衣
经　　销：新华书店
开　　本：710 mm×1000 mm　1/16 开　　印张：12　　字数：130 千字
印　　刷：三河市富华印刷包装有限公司
版　　次：2006 年 5 月第 1 版
印　　次：2024 年 11 月第 2 次印刷
书　　号：ISBN 978-7-80222-047-8
定　　价：49.80 元

中国华侨出版社　北京市朝阳区西坝河东里 77 号楼底商 5 号　邮编：100028
发 行 部：（010）64443051　　　传　真：（010）64439708

如果发现印装质量问题，影响阅读，请与印刷厂联系调换。

通用前总裁杰克·韦尔奇曾说过："经商看似简单，无非是我给你货，你给我钱，其实这表面现象的背后，蕴藏着极大的智慧圈。"

久经历练的大商人都一定有一套自己的经商智慧，他们知道什么该做，什么不该做，所以他们能在众多的竞争者中脱颖而出。他们成功的经验和无数失败者的教训告诉了我们在经商中必须规避一些禁忌：

一忌知进不知退。经商如同人生，该进时勇往直前，该退时急流勇退，盲目的坚持就是固执，无数商业新星都是在自身的固执中迅速陨落的。很多时候，退比进更需要勇气。善于进退才能找准经商之路的正确方向。

二忌见钱不见人。做生意的目的就是为了赚钱。但在实际经营中"逢人便宰"还是"让利三分"？追逐眼前利益和维持客户关系做长久生意是摆在每个商人面前的选择。在激烈的市场角逐中，不注重眼前，或许就会被竞争淘汰，根本没机会谈什么长远；过于注重眼前，长期积下的不良因素也早晚会影响生意的发展。

三忌善干不善变。我们可以看到身边有很多善干的人，但为什么这些人的生意仅能维持目前的状况而无法拓展呢？因为他们不善变。追逐市场的脚步善于变化，才是做大做强之途。

经商三忌环环相扣，让你少走弯路，以最短的时间使自己的生意经成熟起来，成为一个立于不败之地的商海常青树。

目 录
Contents

**下篇
三忌
善干不善变**

上篇

一忌

知进不知退

在风云变幻的商海中，搏浪儿们很少有一帆风顺的。每个
商人在前进的路上都会遇到或大或小的危机。由于不能妥
善解决，不少商人在危机之下结束了他们的商场生涯，很
多商界新星因此而陨落，令人扼腕叹息。实际上，当危机
即将来临时，退，是一种明智的选择。或许，退后可能对
你的事业造成一定的损失，但至少，给你留下了再次拼搏
的机会。

|第一章|
估量风险退保生意

当风险来临的时候，要么顶风迎上去，要么是暂时退下来。顶风迎上去，看起来十分豪壮，但这之前商家必须先称称自身的斤两，若实力雄厚，那另当别论，若势单力薄，还是乖乖地退保现有的生意，暂时避开风头为好。

吹散眼前的迷雾

人人都知道一种生意赚钱的时候，便不要去做这种生意，人人都认为必亏无疑的时候，那种生意反而可以试一试。

——田业俊

对不必要的风险退让

河堤上有一排大树，河边零零星星生长着一些孱弱的芦苇。

大树常常对小芦苇说："我真替你们担心啊，要是刮起了大风，你们恐怕就要被刮跑了！"

小芦苇摇摆着身子说："可是我生来就这样啊！虽然我弱小，但也不至于一无是处吧！"

一天，真的刮起了狂风。大树挺起胸膛拼命抵抗，并鼓励旁边惊恐万分的芦苇说："孩子，你一定要顶住，过去了就好了。"

风过了，堤坝上粗壮的大树被连根拔起，而弱小的芦苇却毫发无损。倒在一边气息奄奄的大树奇怪地问道："为什么我们这么强壮却被风刮断了，而纤细、软弱的你却什么事都没有呢？"

芦苇回答说："面对强劲的大风，我们觉得没有足够的力量抗拒，于是就低下头，躲避风头，这样才免受其害。你们虽然很强大，却自以为有资本，非要和这种风险争个高下，结果自然被狂风刮断了。"

有自知之明的芦苇懂得在风险面前退让，结果保住了自己的性命，而面对大风险只知道一味抵抗的强者却倒下了。看来，对那些不必要冒的风险最好采取退让的姿态。

做生意难免遇到风险，而且商人必须具备冒险精神，这样才能抓住机遇和财富，因为零风险的报酬是不存在的。但是这并不是说遇到风险就要盲目抵抗。有些风险凭你的实力很难扛过去，如果硬撑着，只能给你带来忧虑，让你蒙受经济损失，危及自身的健康、工作和生活。因此，在那些扛不过去的风险面前要懂得退让，不要冒不必要的风险。

生意场上有句话，"高风险必定有高报酬"。很多生意人简单地认为伴随着高风险的肯定是高报酬，这就有点"风雨之后见彩虹"的意味。彩虹肯定会出现在风雨之后，这没有错，但并不是风雨之后就有彩虹，有可能艳阳高照，有可能还是乌云密布。同样，经济市场如风云变幻，高风险之后可能是低风险，可能是低报酬。"高报酬"就像"彩虹"一样，只是商人们的一种期望，是想象或者估计的最高报酬，以为"想得到就能做得到"，那是大错而特错。

当然，如果资本足够雄厚，你可以挑战高风险，但是，如果你把所有的期望都寄托在高风险中的高报酬上，你就无异于把所有的鸡蛋都放在一个篮子里，一旦打碎，你将一无所有。

在商海中长期打拼的人，对风险都有独特的触觉，他们虽渴望高利润，却不因此去承担高风险。面对风险，有些时候，他们会做大树与其抗争，但更多时候，他们宁愿做芦苇，能避就避，保存自己才是最重要的。

做生意不要只顾眼前

很多时候，摆在商人面前的前景从当时来看是美好的，只要舍弃小小的部分，就能换回巨额的利润，小公司也能由此变大。于是，商人们便选择了大胆前进。但随着生意的发展，瓶颈问题便突出了。这时，才恍然大悟，原来当初该退不该进呀！

要眼前利益还是要长远利益，历来是商人们难以选择的问题。假如二者可以兼顾，是最理想的；当两者发生冲突时，有的人倾向于抓现得的利益，有的人着眼于可持续发展，商人的境界也由此而分。

有时候，短期利益和长期利益，是一个舍此就彼的问题。往往是抓短期利益即会损害长期利益，抓长期利益也会损害短期利益，这是最难抉择的。但对真正的大商人来说，这不是难事，如果短期利益会对长远目标构成严重影响，他们会毫不犹豫地舍弃，向长远目标进发。

亨利·福特汽车公司生产出价廉物美的 T 型车后，当年即售出 1000 多辆，形势似乎一派大好。谁知到年底一结算，利润几乎全被成本冲销了，根本没有赚到钱。

原来，为了让 T 型车更加完美，公司每装配成一部汽车，亨利·福特都要求对各种机件的结构、功能作详细检查和试验，然后再绘出几种另外的图样进行研究比较。如果认为原有的机件不好，就在下一部汽车中加以改进。如此一来，几乎每辆车的零件都不完全相同，无法批量生产，成本自然偏高。为此，在公司董事会上，福特遭到以柯金斯为首的股东们的责难。他们认为，照这样做是不可能赚到钱的。

福特耐心解释说，现在是不赚钱，将来的"钱途"却妙不可言。

在福特的坚持下，公司决策层终于达成共识，全力支持 T 型车的开发和生产。几年后，近乎完美的 T 型车终于问世，它就像一阵旋风似的，立即畅销全美国，在不到两年的时间内，售出一万多辆。20 年之内，它的销售总量突破 155 万辆。在汽车史上，这是一个惊人的纪录。福特公司也由此争得汽车行业的霸主地位。

青蛙在慢慢加热的水中，不知道逃跑，到生命受到威胁时，却没有逃跑的力量了。很多商人就像热锅中的青蛙一样，虽然感到了危机，却舍不得眼前利益，仍勉强维持，直到维持不下去了，想求改变时，已经来不及了。一流商人绝不做一只愚蠢的青蛙，他们在危机到来之前就会离开，不会对眼前暂时的安全恋恋不舍。

英特尔公司曾经是世界上最大的存储器制造商，它的主要业务和利润均来源于电脑存储器。

后来，日本的存储器开始在市场中占先。他们最重要的武器是惊人的低价格。英特尔历来以技术领先于市场，打价格战并非其长，所以，它的业务连续六个季度下降。

如何摆脱困境？英特尔公司总裁格鲁夫和董事长摩尔都在痛苦地思索着这个问题。有一天，他俩进行了一次决定英特尔命运的交谈。

格鲁夫问摩尔："如果我们下了台，另选一名新总裁，你认为他会采取什么行动？"

摩尔犹豫了一下，答道："他会放弃存储器的生意。"

格鲁夫目不转睛地望着摩尔，说："你我为什么不走出这扇门，然后自己动手？"

是啊，为什么不放弃？摩尔很快与格鲁夫达成共识：放弃存储器，重新开拓芯片市场。

这是一个重大的改变，它被格鲁夫称为"战略转折点"。

甩掉包袱、轻装上阵的英特尔公司重新焕发了活力。到 1995 年，英特尔累计生产了 1.6 亿个芯片，一举占领了世界 80％的 PC 市场，取得了绝对霸权。

后来，格鲁夫在他的《只有偏执狂才能生存》一书中写道："企业繁荣之中孕育着毁灭自身的种子，你越是成功，垂涎三尺的人就越多，他们一块块地窃取你的生意，直至最后一无所有。我认为，作为一名管理者，最重要的职责就是常常提防他人的袭击，并把这种防范意识传播给手下的工作人员。"

做决策需要有所退让，有些人就是因为舍不下既得的利益，所以迟迟不能做决定，以至错过了许多让自己取得更大发展的机会。许多大商人能力并不比一般人强，起点也不比一般人高，机遇也不比一般人好，他们之所以能做大，无非是能够舍弃那些前景不大的生意，退让一步转而寻求更大的机会而已。

不做人人都知道能赚钱的生意

小商人为了逃避风险，倾向于选择在人人都知道能赚钱的地方投资，这样做看似没有什么风险，却客观上承担了市场转型这个最大的风险。而大商人为了追求较高的投资回报，却尽量不在人人都知道能赚钱的地方投资，专门寻找有前景的冷门。看似冒险却是减少风险。就像金子通常不会出现在人人看得见的大路上一样，获取大利的机会通常也不在人人都知道能赚钱的地方。当很多人都去追逐一个领域希望从中获利的时候，也就是该退的时候。

约瑟夫·霍希哈是一位美籍犹太人，从小就对金融投机活动感兴趣。但是，他初涉股市时，曾遭受一次惨痛的失败：当时，他听大家谈论说，雷卡尔钢铁公司的股票涨势强劲，赢利前景十分可观。于是，霍希哈拿出全部积蓄，买下这家公司的股票。没想到，雷卡尔公司的大量应收账款实际已成死账，它的股票上涨不过是表面繁荣而已，不久后，它即因资不抵债而宣告破产，霍希哈也因此倾家荡产。

从这次失败中，霍希哈得到一个教训：当人人都认为必可赚钱的时候，一定要保持警惕！自此，他的投资变得越来越有理性，成功率也越来越高。

在1929年的世界经济危机来临前夕，霍希哈准备用50万美元在纽约证券交易所购买一个席位。但是，他突然放弃了这个念头。事后，他回忆说："当你发现全美国的人都在谈论股票，连医生都停业去做股票投机生意时，你应当意识到这一切不会持续很久了。人们不问股票的种类和价钱疯狂地购买，稍有差价便立即抛出，这不是一个让人放心的好兆头。"这一明智的决策使霍希哈躲过了股市崩盘的灭顶之灾。无数曾在股市呼风唤雨的大亨都成了这次大股灾的牺牲品。

在长期的投资生涯中，霍希哈反而对那些人人都认为不赚钱的项目感兴趣，通过调查觉得有一定把握后便大胆出手，并且屡发屡中。短短十几年时间，霍希哈的个人资产已超过 20 亿美元，被誉为"投资奇才"。

为什么人人都知道赚钱的地方反而赚不到钱呢？道理其实很简单：任何一项产品或服务，市场的容量都有一定限度。当人人都知道它能赚钱时，各路投资者必然蜂拥而入，将市场细分到约等于零。当市场供应量大大超过它的需求容量时，超出部分都变成没有回报的金钱耗损，不正当的竞争还会大大增加投资的风险。所以，在人人都知道能赚钱的地方，不但没有钱赚，资金安全也同样没有保障。

堤义明是日本西武集团创始人堤康次郎的儿子，父亲去世后，他成为西武集团的新掌门。那年他才 28 岁。其时，日本正进入工业鼎盛时期，几乎人人都认为土地投资绝对是一本万利的生意，炒地皮就等于自己印钞票，比投资任何事业都有利润。但是，堤义明却突然做出一项决定："西武集团，退出地产买卖界。"

这个决定震惊了整个企业界。因为西武集团是日本最大的地产商之一，论经济实力和人才实力都首屈一指，它一旦退出，必然引起地产市场的巨大震荡；再说，它理应趁时而进，为何不进反退呢？

西武的高层领导都不同意堤义明的决定，有人甚至怀疑他是否有能力担当一家大集团公司的领导重任。

堤义明仍坚信自己的决定是正确的。他说："你们全都没看出地产行业的风雨就要来临，危险得很！我决定了，大家照我的话去做准没错。"

在堤义明的坚持下，西武集团终于从地产行业撤出。事后的结果证明，堤义明的决定是明智的：日本地产业的旺势没有维持多久，随后就进入持续低迷状态，几乎每一位地产商都受到严重冲击，倒闭者不计其数，只有西武集团毫发无损。

在堤义明的领导下，西武集团取得了比以前更大的发展。堤义明本人还一度登上"世界首富"宝座。

在人人都知道赚钱的地方，过度膨胀的投资压力很容易形成一触即溃的败势。败势一成，任何人都回天乏力，及早避开才是上策。

反过来说，在人人都看不到"钱途"的新行业，反而蕴含着意想不到的利益。这正是大商人最感兴趣的地方。

透视整个市场，该退的时候先一步退出，让风险对自己毫发无伤，这就是小商人成为大商人的秘诀。

避开偏执的行为

到你失掉了的时候才想到要改变自己的所作所为，常常为时过晚。

——比尔·盖茨

切忌一意孤行

凡事不可失度。商人要有坚持自己的主张、与众人观点作对的勇气。这是事业成功的要素之一；但如果失度，变成则愎自用，这又是失败的一个重要原因。

什么都做对了，一定会成功；但成功并不等于什么都做对了。有些人功成名就后，认为自己的做法肯定是对的，却未意识到其中有很多偶然因素。如果他们一意孤行，按自己认为对的做，在没有偶然因素帮忙时，结果就大不一样了。

王安是一个成功的企业家。他的电脑公司在美国《财富》杂志1988 年世界 500 家最大的工业企业排名中列第 414 位，他的个人财产超过 20 亿美元，是当时全美第五大富豪。他还是第一个进入美国"名人堂"的亚裔科学家。

王安公司发展如此迅猛，令人咋舌；但它陨落的速度之快，更让人吃惊。短短几年时间，便土崩瓦解，从成功典范一变而为失败典型，实在令人扼腕叹息。正如老子所说："祸兮，福之所倚；福兮，祸之所伏。"它的失败早就隐在成功之中，只不过他未能及时察觉罢了！

首先，王安公司犯了战略性错误，它在文字处理和中型电脑上取得了很大成功，便抓住这些成功产品不放，忽略了微型电脑的崛起，未能及时转向。它后来之所以在中型电脑上取得领先优势，很大原因是竞争对手转向微型电脑开发，主动放弃了这一阵地。曾有不少颇具战略眼光的部属建议王安转攻微型电脑，可惜遭到王安否决。

王安公司失败的第二个原因是勉强与 IBM 公司竞争。王安不惧怕 IBM 这个巨人，决心与之一争高下，其勇气可嘉，却未必明智。IBM 毕竟是行业霸主，它的对手曾这样形容它："我们好比是全副武装的猎人，正在逼近一头狮子，突然，狮子跪下了。猎人问它，你害怕了吗？它回答说，哪儿会，我只不过是习惯于在饱餐之前做一番祷告罢了！这头百兽之王就是国际商用机器公司，因此我们必须尊重它。"

但王安不打算尊重 IBM，当所有电脑商都按 IBM 制定的行业标准开发电脑时，王安却坚持生产本公司制式的电脑设备，坚决与 IBM 的产品不兼容。许多客户在选用王安产品的同时，大量使用 IBM 的产品，不兼容给他们带来极大的不便。当客户向王安公司提出兼容要求时，却被拒绝了。这使客户很不满。

王安最大的失策是用人。他的长子弗雷德·王经营素质欠佳，且刚愎自用，难以服众。王安却不顾他人劝告，仍让他出任公司总裁。公司决策层一时矛盾迭起，引发了离职潮，大批高级人才挂冠而去。1989 年，由于股东联名控告王氏父子营私舞弊，王安才不得不撤掉弗雷德·王的总裁之职，但此时公司亏损已高达 4.2 亿美元。

到 1990 年，中型电脑基本被市场淘汰，王安公司的销售额急剧下降，公司股票从最高时每股 42.5 美元降至 3.75 美元。市场价值从 56 亿美元降至不足 1 亿美元。在这风雨飘摇之时，王安又因食管癌病逝，公司人气更是大打折扣。不久后，分布在各地的王安子公司被大量拍卖、购并或破产，王安公司事实上已名存实亡。

有一句名言：权力导致腐败！绝对权力导致绝对腐败！

腐败是糜烂的意思，并非只有贪赃枉法才是腐败。当商人在他的企业取得绝对权力时，如果他不懂得检点，完全可能做出违反常理和违反正道的事情。这意味着他的事业就要失败了。

罗杰·史密斯成为美国通用汽车公司董事长后，进行了一系列令人眼花缭乱的改革。首先，他宣布要创建"世界第一家21世纪的公司"，这将是一家拥有高级技术精英、不用纸、不用灯、无人操纵、全部电子化的制造公司。为实现这一目标，他到处投资建厂，并大量兼并那些他认为有利于实现目标的公司，即使与汽车业无关、财务状况很差，也大量购进。

他设想的"21世纪的公司"只需要技术精英和技术，他认为机器人比人更有用而且成本更低，普通人在他眼里都成了多余之物。管理专家提醒他："日本最重要的优势不是廉价劳动力，而是人人参与管理。"史密斯对这一忠告毫不理会。他大量裁减工人，随意把众多熟悉本行业的技工调到他们根本不懂的新岗位上去，而且调动极频繁，许多人行李还没打开，新的调令又下来了。

史密斯还认为，公司亏损是由于员工待遇太高造成的，因此他要求员工"做出重大牺牲"，于是，这一年全公司普通员工没拿到一分钱红利，而公司6000名高级职员每人分得5万多美元，他本人加薪18.8%，年薪高达195万美元！此举引起了工人们的愤怒，导致多次规模不等的罢工。然而，罢工正好为史密斯裁员提供了借口。

史密斯的专横引起公司上下一致不满。董事裴洛特公开揭露史密斯，工人也罢工响应，喊出了"要裴洛特，不要史密斯"的口号；股民们甚至提议裴洛特接管通用。史密斯釜底抽薪，以高价收买裴洛特的全部股票，并要求他退出通用。

史密斯在通用汽车公司改革了七年，他的"21世纪的公司"没有建成，通用轿车市场占有率却由原来的47％下降到35％，创通用50年以来最低纪录。利润头三年下降了35％，员工士气的损失更是无法估量。因此，驱逐史密斯的呼声越来越高，以致"美国都不能再等待了"。

终于，公司董事会忍无可忍，终于集体表决，撤销了史密斯的董事长职务。

史密斯希望成为美国企业界开创先河的英雄，结果，他的一意孤行却使他成为一个不光彩的人物。

商人什么时候应该坚持自己的主张？什么时候应该放弃个人意见？这是一道难题。要把握其度，需要克服情绪作用，审慎考虑世态人情，根据具体的需要而定。切忌一意孤行。面对冲突时的最佳心理准备是千万记住：重点是解决问题，而非评定对和错。

比方说，大家对什么是正确的都感到迷茫，应该坚持自己的意见；虽然自己的主张未必正确，但能鼓动大家遵行，也可坚持自己的意见；如果自己的主张遭到激烈抵抗，已难推行，不应固执己见；如果自己的主张在实行时已出现不良征兆，应该赶快改弦易辙……总之，明智的商人不会执着于对或错，更不会从面子考虑问题，一切以利弊为考虑问题的中心。

正如索罗斯所说："重要的不是对或错，重要的是我们从正确中得到了什么，和我们从错误中失去了什么。"

不搞恶性竞争

嫉妒之心人皆有之，而商人的嫉妒心尤其严重。

在生意人中间，经常存在一种敏感、微妙的情绪，人们表面上亲亲热热，假如你的生意经营得不怎么样，大家还可以相安无事，但是如果你比其他人强些，这些人就有可能在背后联手，把你搞垮。即使是你的朋友、合伙人，有时也会被这种嫉妒心理冲昏头脑。在日常的交谈中，"我知道某公司有麻烦"这类的话总是比"我听说某公司生意很旺"的话多得多，幸灾乐祸的话总比唱赞歌入耳。对于这些嫉妒行为，生意人要小心对待才好。

正所谓防人之心不可无，害人之心不可有。当嫉妒进入竞争领域的时候会变得极其有害，其危险之处是它使我们只想到自己好——不是通过搞好自己的生意，而是通过搞垮我们的对手。老是希望别人倒霉的人，在做生意上一定不是个有进取心的人，很难取得更大的成功。别人垮掉了，除了满足了你自己的自私欲望外，实际上你没有得到任何收益。请你记着：你仅仅是个小生意人而已！你并没有足够的力量改变整个市场的格局。譬如说，你经营饭店价高质劣服务差，顾客自然都跑到你旁边的饭店去了。假如有那么一天你暗中的咒骂应验了，一场火烧了你旁边的几家饭店，你的营业状况也一定好不到哪里去，人们宁可多走几步，到远一点的饭店去。况且，过不了几个月，你就会发现，你旁边又重新冒起几家饭店，与你一较高低。那怎么办？你不妨忘掉你的竞争对手是一个人，而把他当做一个统计数字吧，如营业利润、财富积累等，这是一个你要超越的数字。数字比人更具体，更简单，以数字为目标只会激起你的斗志，而不会滋长你的嫉妒。如果你不能在规模和分量上战胜他，那就在质量和用途上击败他吧——那也只是你所要超越的简单数字。故此，生意人要想维持一定幅度的价格和市场占有率，和竞争对手搏杀不是明智之举，反而是联合在一起，在价格、范围等方面达成一定的默契，才能共享其利，共存共荣，皆大欢喜。

生意场有这样一个恒常的规则：只要是有利可图的交易，你赚一百，别人赚一千，如果你不让别人赚一千，你自己连那一百也赚不到。

如果绞尽脑汁相互拼杀，最后只能是两败俱伤。曾有两间门对门的杂货店，店主为了招揽顾客，相互展开了一场压价大战，把自家商店的商品价格一降再降，斗到兴起，最后竟降到低于进货价格。结果自然是双双关门大吉，真正"停战"了。而顾客呢，开始时还挺踊跃的，经再三减价后，反而驻足不前，门庭日渐冷落。原来，连续的降价，反使顾客以为他们的商品是劣质冒牌货哩！

如果你在竞争中能做到以下几点，你的生意一定比对手兴旺：

①顾客在你的店或厂里没有买到想要的商品时，你能够把他介绍到自己的竞争对手那里去。

②对手的经营发生危机时，你能向他伸出援助之手，而不是乘人之危，落井下石。

③做宣传广告时，不故意贬低对手。

④同行前来参观时，热情接待，任其观看、询问。

⑤和竞争对手保持融洽的关系，经常上门探访，交流各种经营和商品讯息。

如果你在竞争中一味求进，希望凭恶性竞争搞垮别人，最终受损的其实还是你自己。

尽量减少自身的损失

在有些时候，退避已经来不及。在不利的情况下如果轻易言输，毫无疑问就得单方面承担损失。这个时候，就要坚决挺住，尽量找出对方的弱点，将损失降低到最低。

中国华北某省化工进出口公司向某国 NE 公司购买总值 400 万美元的 20 万包化纤原料。由于货品十分紧俏，双方在合同中规定：NE 公司在 L 港口交货，交货期为 2003 年 2 ~ 3 月；中方可以选择具体的日期，但由自己装船运回；除不可抗拒的原因之外，中方不能在交货期内派船接货即被视为违约，违约金从 4 月 10 日起计算，每月赔偿 NE 公司总货值的 5% ~ 8%，即 20 万 ~ 32 万美元，不足一个月按一个月计算，NE 公司不能在 3 月 31 日交货而被视为违约，负责赔偿空舱费，若不能在 4 月 15 日前交货，中方有权保留或取消合同，要求赔偿相应损失。

2003 年 1 月 20 日，化工公司致电 NE 公司，询问可供货物的数额、批量，以便安排船只接货。NE 公司回电声称："陆运紧张、打包不及，3 月 15 日前可交 2 万包，3 月 31 日前交 4 万包，所余 14 万包将尽可能在 4 月份交完。" 2 月 22 日，NE 公司突然来电未说任何理由便更改交货期，其中声称："3 月交 4 万包、4 月交 4 万包、5 ~ 7 月各交 4 万包。"

接此电函，尤须认真对待：首先得了解市场态势，若能找到新的货源，则可在适当时候申明放弃合同，要求赔偿损失，若无新卖主则只能保留合同，但要明确指出对方违约，并且申明"保留索赔的权利"，以求先在法律上站住脚，保障日后的主动地位。然而我化工公司经办人员却不假思索地匆忙回电：

"你1月20日电，2月22日电收悉，船只正在安排中。"将两份电函混合作答，笼统表示意见，即可视为我方同意对方修改合同的"要约"，这在法律上叫做"承诺"。

3月4日，我化工进出口公司通过中国分行开出全部合同款的信用证，证上规定"货运期最晚为3月31日，有效期是4月15日"。此后我方按对方要求在3月24日修改信用证：货运期最晚为4月30日，有效期是5月15日。4月9日，NE公司又来电要求更改信用证的截止期限，中方未予理睬。

不料从4月开始，国际海运市场急剧变化，船位奇缺，我方化工外贸公司租船非常困难。4月仅装运原料800包，5月装运1.6万包，7月装运2.82万包，8月装运1.3万包。我方在1年内只装运5.8万包，剩余的14.2万包一直拖到次年10月，总计分11批才勉强装完。NE公司以"延迟装运"为由，指责中方违约，索赔210万美元。

10月25日，双方在阿姆斯特丹开始谈判。

NE公司代表首先说："贵公司令人遗憾地不按时派船装运，致使大量货物压港，造成卖方额外的仓储、保险负担和资金积压。按双方商定的合同条款，必须承担全部赔偿责任。"

中方代表针锋相对地说："出现延迟装运，主要原因是NE公司首先违约。由于卖方没有在合同规定的2～3月内交货，买方只得顺延派船装运。事实上买方已经按合同规定的装运期，做好了接货的一切准备，并主动在1月20日催询交货日期和批量。如果NE公司能按约交货，迟装损失绝不会出现。"

"这不符合事实！我公司在 2 月 22 日电传中提出了修改交货期的时间表，贵公司无论在口头上或是书面上从未提出任何异议。相反，贵公司明确表示认同，这有当日贵公司的回电为证。"NE 公司代表理直气壮地说着。

当时中方没有明确反对改变交货期，严格地说这属于放弃权利。于是中方代表说："对我公司的这份回电，不能解释为是对卖方修改交货期的默认，只能认作对卖方出现困难的一种善意谅解。事实上是因 NE 公司不能如期交货，才导致我公司后来遇到租船困难的，对此 NE 公司也是承认的，并且也给予了买方相应的体谅。"

"对执行合同的某些具体做法给予鉴谅是一回事，而对合同重要条款的修改是另一回事，它牵涉到权利与义务的相应变更，而且对双方都有约束力。事实上贵公司不论从一开始还是在修改交货期以后，从未及时派船运货。"NE 公司代表声讨装运的延迟。

"NE 公司在这笔交易中确有一些损失，但我方也蒙受了损失，而且总额远远超过 NE 公司。由于 NE 公司多次推迟交货，我方被迫一再支付高涨的运价。另外，这批货物在规定的交货期，即 2 ~ 3 月的合同价，远远低于后来的市场价，你们若是及时交货，我方仅此可获利近 100 万美元。可是待到你们实际交货时，市价已不断跌落，我方又为此而再受重大损失。"中方代表摆事实、讲道理，层层反驳对手。

为打破僵局，寻觅转机，双方均委托调解人进行会谈。经双方调解人多次会谈，认为比较妥当的解决办法是双方共同承担迟装损失。

于是，双方举行协商会议。会上，中方代表主动表态："愿意承担一定的责任。"

NE 公司代表见此也就愿意让步地说："希望中方考虑我公司的实际损失。"

"请报个价。"中方谈判代表说。

"总损失 210 万美元的 60%，即 126 万美元。"NE 公司谈判代表说。

见对方将索赔金额一次减去 40%，中方谈判代表就友好地说："让我们以谅解的态度解决争端，请考虑以分别承担总损失的 55% 与 45% 达成协议。"

"同意。"NE 公司谈判代表爽快地应道。

就上例来看完全可以得出这样一个结论：如果一味的偏执，推卸自身责任，最后只能两败俱伤。双方各自承担一些责任，反而可以将损失减为最小。

主观想象并不等于现实

决策的一条基本原则是：在有不同意见的情况下做出决策。

——彼得·F·杜拉克

见好就收，见坏更要收

古时候，有个人想出了一个捕捉野鸡的好办法。

他把箱子制作成一个有进无出的陷阱，一旦野鸡进去了，只要把进口堵上，就难以逃出来。

这天，他抓来一把玉米，从箱子外面一路撒下去，一直撒到箱子里面，然后他在箱子盖上系了一根绳子，自己攥着绳子的一端，远远地躲在一边，等着野鸡的到来。只要他把绳子轻轻一拉，箱子盖就会关上，野鸡就跑不出来了。

不一会，一群野鸡看到了玉米粒，都欢快地啄食起来，他数了数一共有10只呢。10只够他吃好几天的了。有3只进箱子里了，已经有7只了，8只了，他盯着外面的两只野鸡，要是它们也进去了，自己就可以一个礼拜不用出来工作了。

他正想着，一只野鸡溜了出来。他懊悔地想刚才真该拉绳子。如果再进去一只我就关，他这样想。可是又出来两只，在他想的时候又跑出来两只……

最后，他眼睁睁地看着那野鸡心满意足地离去了。箱子里什么都没有了，包括他的玉米粒。

如果故事中的主人公在8只野鸡进入箱子的时候，就拉绳子，或者在第一只野鸡溜出来的时候捕捉野鸡，他的收获都是很可观的。可惜的是，他不懂得"见好就收，见坏更要收"，该断的时候不断，自然会"反受其乱"了。

也许有人会说，见好就收可能会失去更多的好机会，当然，不排除这种可能性，但是当这个"好"到了一定的限度，收也无妨，毕竟你已经占有了大部分利益。10只野鸡捕到了8只，已经是决定性的胜利，如果把目标定在百分之百的占有上，那不是雄心壮志和目光长远，而是人心贪婪的表现。

说到"见坏更要收"，那是因为机遇中往往隐藏着巨大的风险，许多问题的严重性随时变化，拖得越久就越难以解决。当事情呈现出不良倾向时，你还期待着事情朝好的方向发展，那无异于给问题恶化的机会，也无异于把自己的利益交给不可知的外力。

如果为了难以预料的未来的利益，而牺牲眼前的大部分利益，这是明智之举吗？只是因小失大的短浅罢了，最后的结果必然是浪费时间和错失良机。

很多商人在情况开始恶化的时候，依然抱着缥缈的幻想，祈祷事态按照预想情况发展下去，他们无法客观分析状况，也不做补救措施，根本就没有立刻停止的意识，这种盲目坚守最后导致的是企业和生意深陷困境，甚至无法挽回。

生意场上不能把算盘打得太响，有 7 分的把握还会有 3 分冒险，这个时候就要懂得"见好就收"，以免事情向坏的方向转化；当事情只有 3 分把握 7 分冒险的时候，就是你该收场的时候了，如果不当机立断，就会在幻想和迟疑中把事情弄得更糟，遭受的损失也会更大，这也就是我们说的"见坏更要收"。

很多时候，生意的发展并不像商人主观想象的那样，能否早退一步有时就决定整个生意的成败。见好就收的商人才能谋得更多的利益。

一致的认同并不一定正确

商人在做出决定前广泛地听取别人的意见是好事，但别人的意见只能用来参考，不能成为决定的依据，商人决不能主观地认为众人都认同的事情就对。

在商场中，商人对大家一致认同的事，要保持高度警惕。任何事总是有人赞成，也有人反对，这是正常的。孔子说"饮食男女，人之大欲存焉"，释迦牟尼不同意，他主张戒欲。这种事尚有争议，可见世上根本不存在意见完全一致的事。若是意见一致，肯定不正常。要么大家受到假象蒙蔽，要么很多人在随声附和，要么大家根本没有发表反对意见的权利或兴趣。凡此种种，都有大问题。

保罗·盖蒂是美国"石油皇帝"，他一生做出过无数成功的决策，失败记录也不少。最让他痛心的一次决策失误发生在 1931 年。当时美国正被经济危机困扰，股市一片凄凉。盖蒂惯于在不景气中迎风而上，他买了 200 万美元墨西哥石油公司的普通股票。没想到这只股票始终有跌无涨。虽然盖蒂坚信它终有一天会回升，但他的部下却担心它会继续下跌。他们众口一词地劝说道："我们不能再冒险！""我们得抛出！"

最后，盖蒂少数服从多数，抛出了墨西哥石油公司的股票。后来这只股票价格暴涨数倍，这意味着盖蒂为这个决策损失了好几百万美元。

每个人都有盲目从众心理，即使大商人也不例外。只不过，他们都在实践中领教过从众的危害，知道"全体一致的主张常有毛病"这个事实，所以，他们有时宁愿表现得固执一点，也不轻易随大流。

盖尔文是摩托罗拉公司创始人，个性非常鲜明：他很温和，但随时可能发火；他很固执，但随时准备认错……不过，一旦他认准了的事，无论多少人反对，他也一定坚持到底。

有一年，摩托罗拉公司研制出一种新型电视机，为了尽快抢占市场，盖尔文把管理人员召到一起，下达了任务：在这款电视机上市的头一年售出 10 万台。

所有人都被这个数字惊呆了。他们认为这是痴人说梦。然后，他们众口一词地反对这个决定。

有人说："我们的工厂根本没有这么大的生产能力。"

盖尔文回答道："一个工厂生产的总比你想象的要多。我们的工厂能做到。"

又有人说："我们绝不可能售出这么大的数量。"

盖尔文说："我们一定能达成目标。因为我们已经有了一种值得自豪的产品，同时，我们正在拟定的价格将引起轰动。它将是 179.95 美元……"

盖尔文话音未落，全场一片哗然。要知道，当时市面上出售的电视机每台高达 650 美元，而摩托罗拉生产这款电视机的成本超过 200 美元，如何能以 179.95 美元出售呢？

在众人一片反对声中，盖尔文以不容置疑的语气做了结论："就是这个价格，我已经决定了！你们在这一价格及销售量上为我赢取利润之前，我不要看任何成本核算表。我们要努力奋斗，达到这一目标！"

在盖尔文的有力推动下，摩托罗拉公司生产这款电视机的成本降到大大低于 179.95 美元，上市后，当年销量远远高于 10 万台，完全实现了盖尔文提出的目标。

成功常常站在反对意见的后面；失败常常站在赞成意见的后面。但这并不是说，不应该倾听别人的意见，更不是说，应该固执己见。有一点是可以肯定的：成败都得自己承受，应该依赖自己的决定。听或不听别人的意见，也是决定之一，无论成败，都不必抱怨和后悔。

退一步另选方向

商人做生意，市场定位十分重要。特别是在品牌塑造上，仅依据主观的想象所做出的决策往往会带来灾难性的后果。

香烟品牌万宝路最初的市场定位是一种女士烟，其市场业绩极为一般。该公司及时改变策略，重新定位，以男性为销售对象，开展"牛仔运动"，一举成为全球驰名的香烟品牌。

定位在品牌的操作中显得尤为重要。万宝路的英文名称是Marlboro，是由 "Men always remember love because of romance only（ 男人只因浪漫而牢记爱情 ）" 这句话的每个单词的打头字母组成的。这样冗长的名称和令女士伤感的含义自然不会得到女性的青睐。而将销售对象换为男性，再加上牛仔形象的广告推广，则使男性消费者将万宝路和风尘仆仆的牛仔与美女的浪漫邂逅紧紧地联系在一起。

派克笔向来以高档著称，后来有闲情逸致者为派克笔策划推出了一种低价位的产品，以迎合中低档消费者。没想到新产品寸步难行，最后不得不重新定位为单纯的高档笔才满足消费者。

派克笔以高档的定位赢得消费者，低价位产品的推出使品牌形象严重受损，从低价位产品中得到的利润是得不偿失的。

德国的大众汽车公司在打入美国市场时，以大众的"小一点"的实用主义面孔备受欢迎。后来，大众又向美国推出 8 款新车型，想把消费者心目中对大众的可靠性和高质量的好感进一步扩张，但昂贵的价格不仅使大众新车型没能顺利打开市场，还连带着使原来的小型车市场份额也相对下降。

1994 年，流行音乐频道"Channel V"登陆印度，它派出了大量的职员到印度各大高校举行摇滚乐大赛等活动，试图将 15 ～ 24 岁的年轻观众一网打尽，结果却是花钱费力还不讨好。

Channel V 想用和目标观众群拉近距离的方法使自己的节目深入人心，但这样做只对了一半。印度的年轻人大部分的确是音乐频道的发烧迷，但他们对摇滚乐不感兴趣。在美国，摇滚乐是叛逆的象征；而在印度，音乐只是用来消遣的。Channel V 忽略了当地文化的特点，导致了那次品牌推广活动的失败。后来，Channel V 马上改变了经营策略，使自己的音乐尽量得到印度年轻人的认同，也使它在日后的电波大战中屹立不倒。

市场是无情的，定位错误付出的代价就是寸步难行，这时候后退一步另选方向无疑是明智之举。

|第二章|
进无出路退求发展

选错了方向怎么办？再往前已无出路，市场的变化证明此路不通，受到损失的生意也经不起继续损耗。这时，商人就要考虑退，退一步以发展自己，为重新选择做准备。

机会是让步得来的

现在不景气，你给予对方一点利益，待情况好转后，对方一定会把这种好处还回来。

——金宇中

放弃无意义的固执

固执对于商人来说是一种危险的脾气。很多时候，顽固坚持已经毫无前景的目标而不思改变是愚蠢的行为。

当你确定了目标以后，下一步便是鉴定自己的目标，或者说鉴定自己所希望达到的目标。如果你决心做一下改变，就必须考虑到改变后是什么样子；如果你决定解决某一问题，就必须考虑到解决中可能遇到的困难是什么。实在不行，一定要果断地放弃无意义的固执。

当描述了理想中的目标以后，你必须研究一下达到该目标所需的时间、财力、人力的花费是多少，你的选择、途径和方法只有经过检验，方能估量出目标的现实性。你或许会发现自己的目标是可行的，否则，你就要量力而行，修改自己的目标。

有许多满怀雄心壮志的人毅力很坚强，但是由于不会进行新的尝试，因而无法成功。请你坚持你的目标吧，不要犹豫不前，但也不能太生硬、不知变通。如果你的确感到行不通的话，就尝试另一种方式吧。

那些百折不挠、牢牢掌握住目标的人，都已经具备了成功的要素。

你可以告诉自己"总会有别的办法可以办到"。每年有几千家新公司获准成立，可是5年以后，只有一小部分仍然继续营运。那些半路退出的人会这么说："竞争实在是太激烈了，只好退出为妙。"真正的问题在于他们遭遇障碍时，只想到失败，因此才会失败。

你如果认为困难无法解决，就会真的找不到出路。因此一定要拒绝"无能为力"的想法。

也可以先停下，然后再重新开始。我们时常钻进牛角尖而不知自拔，因而看不出新的解决方法。

成功者的秘诀是随时审视自己的选择是否有偏差，合理地调整目标，放弃无谓的固执，轻松地走向成功。

有两个贫苦的樵夫靠着上山捡柴糊口，有一天，在山里发现两大包棉花，两人喜出望外，棉花价格高过柴薪数倍，将这两包棉花卖掉，足可供家人一个月衣食无忧。当下两人各自背了一包棉花，便欲赶路回家。

走着走着，其中一名樵夫眼尖，看到山路上扔着一大捆布，走近细看，竟是上等的细麻布，足足有十多匹之多。他欣喜之余，和同伴商量，一同放下背负的棉花，改背麻布回家。

他的同伴却有不同的看法，认为自己背着棉花已走了一大段路，到了这里丢下棉花，岂不枉费自己先前的辛苦，坚持不愿换麻布。先前发现麻布的樵夫屡劝同伴不听，只得自己竭尽所能地背起麻布，继续前行。

又走了一段路后，背麻布的樵夫望见林中闪闪发光，待近前一看，地上竟然散落着数坛黄金，心想这下真的发财了，赶忙邀同伴放下肩头的麻布及棉花，改用挑柴的扁担挑黄金。

他的同伴仍是那套不愿丢下棉花，以免枉费辛苦的论调，并且怀疑那些黄金不是真的，劝他不要白费力气，免得到头来一场空欢喜。

发现黄金的樵夫只好自己挑了两坛黄金，和背棉花的伙伴赶路回家。走到山下时，无缘无故下了一场大雨，两人在空旷处被淋了个透。更不幸的是，背棉花的樵夫背上的大包棉花，吸饱了雨水，重得完全无法再背得动，那樵夫不得已，只能丢下一路辛苦舍不得放弃的棉花，空着手和挑黄金的同伴回家去。

一个非常干练的推销员，他的年薪有六位数字。很少有人知道他是历史系毕业的，在干推销员之前还教过书。

这位成功的推销员这样回忆他前半生的道路："事实上，我是个很没趣的老师。由于我的课很沉闷，学生个个都坐不住，所以，我讲什么都听不进去。我之所以是没趣的老师，是因为我已厌烦教书生涯，觉得教书毫无兴趣可言，但这种厌烦感却在不知不觉中也影响到学生的情绪。最后，校方终于不与我续约了，理由是我与学生无法沟通。当时，我非常气愤，所以痛下决心，走出校园去闯一番事业。就这样，我才找到推销员这份胜任并且愉快的工作。

"真是'塞翁失马，焉知非福。'如果我不被解聘，也就不会振作起来！基本上，我是很懒散的人，整天都病恹恹的。校方的解聘正好惊醒我的懒散之梦，因此，到现在为止，我还是很庆幸自己当时被人家解雇了。要是没有这番挫折，我也不可能奋发图强起来，闯出今天这个局面。"

坚持是一种良好的品性，但在有些事上，过度的坚持，会导致更大的浪费。

历史上的永动机，就使很多人投入了毕生的精力，浪费了大量的人力物力。因此，在一些没有胜算把握和科学根据的前提下，应该见好就收，知难而退。

有人认为：如果没有成功的希望，屡屡试验是愚蠢的、毫无益处的。

诺贝尔奖得主莱纳斯·波林说："一个好的研究者知道应该发挥哪些构想，而哪些构想应该丢弃，否则，会浪费很多时间在差劲的构想上。"有些事情，你虽然用了很大的努力，但你迟早要发现自己处于一个进退两难的地位，你所走的研究路线也许只是一条死胡同。这时候，最明智的办法就是抽身退出，去研究别的项目，另外寻找成功的机会。

牛顿早年就是永动机的追随者。在进行了大量的实验之后，他很失望，他很明智地退出了对永动机的研究，在力学中投入更大的精力。最终，许多永动机的研究者默默而终，而牛顿却因摆脱了无谓的研究，在其他方面脱颖而出。

在人生的每一个关键时刻，人们都应审慎地运用智慧，做最正确的判断，选择正确方向，同时别忘了及时检视选择的角度，适时调整，放弃无谓的固执，冷静地用开放的心胸做正确抉择。每次正确无误的抉择都将指引你走在通往成功的坦途上。

有的人失败，不是没有本事，而是定错了目标，成功者为避免失败，应时刻检查目标是否合乎实际、合乎道德。

抛弃固执，放开无意义的目标，也许机会就来了。

让生意以迂为直

有精明的商人自然也有精明的顾客。面对有些顾客的不合理要求，商家不妨以迂为直，让一步，同时给自己和顾客一个机会，趋利避害，让生意更加顺畅。

百货公司的柜台前站着一个要求退货的顾客，态度很是坚决。

"这件外套我买回去后，我的丈夫不喜欢这个颜色，觉得样式也一般，我想我还是退掉的比较好，我可不想让他不高兴！"女顾客说。

"可是上面的商标都已经脱落了……"售货员在检查退回来的衣服时发现上面的商标已经被磨掉了，而且细心的她还发现外套上有明显的干洗过的痕迹。

"哦……我记得当时买走的时候好像就没有……我保证我绝对没有

穿过……因为我丈夫一见到它就说它难看，我再没有碰过它，直到今天我把它送来！"女顾客依然坚持要求退货。

看着上面干洗过的痕迹，售货员随机应变地说："是吗？您看会不会是这样？是不是您的家人在干洗衣服的时候把衣服拿错了……您看，这件衣服确实有干洗的痕迹……"售货员把衣服出示给顾客看，"这衣服本来就是深色，脏不脏很难看出来，说不定误拿了……我家也有过一次这样的情况。"说完，售货员温和地笑了。

顾客一看，只好也跟着笑了，说道："啊！一定是我家保姆送错了……不好意思……"

如果售货员直接说："一看这干洗的痕迹就知道你穿过了……"一场争执是难免的。这样直截了当地揭穿别人，虽然也能达到目的，但是即使顾客当时承认了，以后也会不好意思再来光顾。而机灵的售货员用迂回的方法，不仅顺利解决了问题，又让顾客心悦诚服。

迂回表达不能不说是文明和智慧的表现。

生意场上，顾客和商家、商家和商家之间难免会因为各自的利益而发生争执、纠纷、误会，甚至更严重的结果。

特别是年轻的商人难免冲动，喜欢争得口边的胜利。若是自己理亏，吃了亏，就一定会争强好胜，力争在口头上和表面上把损失弥补回来，求得心理平衡；若是自己在理，那就更了不得，一定要据理力争。有理不会饶人，无理还要辩三分，不把别人整得口服心服是不会放过的。

这样一种直接而激烈的辩论虽然不必花费心思，字斟句酌，并且省事省时，也未尝不可作为一种方法。但是，这并不是一个商人处理生意纠纷的技巧。做生意不能伤了和气，和你利益无关的不用太在意，甚至可以放弃自己的立场，不要争一时之短长。通俗一点说，不要和别人争论是白猫，还是黑猫，只要别人认同这只猫可以捉到老鼠，生意就成交。

迂回之术需要你积点口德，不指桑骂槐，不话中含刺；心存偏见，先入为主最是要不得；开门见山，单刀直入是一大忌；最好的办法是三思而后言，心态平和；别人激动，你不妨温和；对方噼里啪啦，你最好沉默无声；别人一言九"顶"，你不妨以一"挡"十。一个无伤大雅的小错误，既然你承认了对方的难堪就随之解除了，火药味也淡化了。

生意追求"和"与"谐"，以迂为直是一个很高的手法，还需要你好好修炼。

让步之后抓机会

机会往往是一些人的机会，而不是某个人的机会。当一个能够大大提升人生事业的好机会来临时，必然会有很多人跳起来争抢，就看谁出手更快，腕力更强。机会也有自己的坏脾气，它往往让人先做出让步才肯光顾，这时就要看商人的气魄了。

比尔·盖茨和保罗·艾伦是中学时代的好友，都擅长编写电脑BASIC语言程序。他们的目标是：利用BASIC带来商业利益。

不过，在普及率极低的大型电脑时代，他们利用编程天才创造商业利益的机会极少。

有一天，保罗·艾伦在《大众电子学》的封面上看到一则广告：世界上第一部微型电脑，堪与商用型相匹敌。

艾伦马上意识到：微型电脑一旦出现，就可能像电视机一样普及到每个家庭，对软件的需求将无穷无尽。到那时，他们这些编程天才的前途将妙不可言。

艾伦马上跑到哈佛大学，找到正在这里就读的比尔·盖茨，将这个消息告诉他，并且说，谁第一个为世界上第一台微型电脑提供软件，谁就将占得先机。盖茨深有同感。他俩立即给这台电脑的生产者——微型仪器公司的老板罗伯茨打电话，表示愿意为这台电脑提供软件。罗伯茨告诉他们：至少有 50 个人对他说过类似的话，而他只想看结果，谁最先向他提供成熟的语言，他就跟谁做生意。

盖茨和艾伦都知道，在美国，像他们一样的软件天才多不胜数，人人都想要这个机会。他们必须立即行动，抢先把这个机会抓在自己手里。一连八个星期，两人在哈佛大学的电脑房里埋头苦干，夜以继日地编写程序，每天只睡一两个小时。力不能支的时候，就躺在工作台后打个盹。一醒过来，又接着干。

由于竞争对手很多，一旦别人抢了先，他们所有的辛苦都将付之东流。在这种情况下，一般人也许会迟迟疑疑，不敢倾力投入。但盖茨和艾伦从不考虑失败的损失，他们只考虑如何成功。

经过几周连续奋战，他们的程序终于编制成功，并顺利地跟罗伯茨签订了合作协议。以此为契机，他俩合作成立了一家公司，这就是今日称霸软件世界的微软公司。

任何一个好机会，都产生于超常规的事件中，需要付出超常规的努力以获得超常的利益。如果它像薪水一样付出一分便获得一分，就不是一个好机会。它对我们惯常的工作方式、生活方式甚至对我们认可的价值观都可能是一个挑战，我们需要以非常规的心态去看待它，并接纳它。

当微软还是一家名不见经传的小公司时，有一天，IBM 公司忽然派来两位特使，商谈合作事宜。IBM 是一家拥有数十万员工的老牌公司，被誉为"蓝色巨人"。在通常情况下，IBM 是不会主动找微软这种小公司合作的，只因它最近在开发一款新电脑，急需与之配套的软件，打听到微软公司的软件技术比较领先，这才前来俯就。

为了制造轰动效应，IBM 对这项计划制定了严格的保密措施。所以，IBM 特使在与比尔·盖茨洽谈合作之前，首先要求他在一份保密协议上签字，协议声明：微软公司不得将此项机密告知任何第三方，否则要承担一切责任；但 IBM 公司对微软公司的任何机密都不感兴趣，因此也不承担任何保密责任。

毫无疑问，这是一个"不平等条约"。尽管盖茨尚不知道"此项机密"到底是何机密，还是毫不犹豫地签了字。因为他知道，跟 IBM 合作的机会不是天天都有，而他现在还没有资格跟这个"蓝色巨人"谈平等的问题。

软件的运用要以操作系统作为平台，当时微软使用的操作系统 CP/M 的版权，属数字研究公司的基尔代尔教授所有。IBM 特使得知此情，为免版权麻烦，便撇下微软，直接找基尔代尔教授去了。

正当盖茨为失去这个大好机会十分懊恼时，过了几天，IBM 特使又返回来，重新提出跟微软合作，令盖茨喜出望外。原来，数字研究公司难以接受那份不平等的"保密协议"，他们对合作的理解是：平等互利。

如果不平等，还谈什么合作？所以，他们要求 IBM 方面对协议的有关条款进行修改。IBM 认为数字研究公司没有诚意，又回来跟不要平等只要合作的比尔·盖茨谈合作，并最终达成了协议。

在软件设计过程中，根据 IBM 的保密计划，微软员工不得不在比牢房还要封闭、像蒸笼一样闷热的密室里工作，还要遵守其他种种禁令。对这些苛刻的条件，盖茨都一一答应。

在双方的共同努力下，IBM 的新型电脑一上市就大获成功，狂销50 万台，一举击败"苹果"等知名电脑，独占鳌头。微软公司也一夜成名，在同行中一举获得领先地位。这为它日后称霸软件世界奠定了坚实的基础。

如果基尔代尔教授不坚持那所谓的平等而与 IBM 合作的话，今日的世界首富或许就是他了。事实证明，做生意不懂让步就没有机会。

路并不是只有一条

领导人物必然是与众不同的，他能探究各种假定状况，并能对传统抱有怀疑态度。

——彼得·普瑞尔

从常规之外寻找突破点

世上没有打不开的门，也没有走不通的路。只不过开门的钥匙不是原来那一把，里面另有机关。走路的方法也不能一成不变，老方法找不到路只能另寻新路。

凡事都有解决办法。当常规方式不能解决问题时，唯一的办法是从常规之外寻找突破点。

保罗·盖蒂的理念是：在生意竞争中，有时不能按牌理出牌，出奇方能制胜。年轻时，他得到父亲的有限资助，去寻找有开采价值的石油地。在俄克拉荷马州的塔尔萨镇，他看中了南希·泰勒农场的一块租地。这块租地的拍卖价预计高达 15000 美元，这远远超出了他能支付的金额。想用少得多的钱得到这块地，看来得另寻出路。

盖蒂四处打听，获得一个信息：那些与他竞争的石油商都从普斯科城一家银行贷款。于是，他驱车来到普斯科，说服这家银行的一位高级职员代表他去投标。那些石油商为日后贷款方便，不愿与这位高级职员竞标。结果，盖蒂仅用 500 美元就得到了这块租地。

世上没有不可能之事。所谓"不可能"，只不过是暂时还没有找到解决办法而已。一旦想到办法，很困难的事也许一下子变成很简单的事。所以，遇到难事时，切勿用"不可能"三个字来打击自己的信心，积极想办法才是解决问题的态度。

多年前，诺贝尔研究出硝化甘油新型火药，并创办了生产火药的工厂。当时生产工艺很落后，诺贝尔工厂多次发生爆炸事件，一些人死于非命，其中包括诺贝尔的弟弟。诺贝尔本人也负伤累累。市民们向市政府请愿，要求关闭这座危险的工厂。市政府顺从民意，强令诺贝尔工厂迁到城外对居民无伤害的地方去。无奈，诺贝尔决定将工厂整体搬迁。

但是，这座城市的周围是大片水域，陆地面积很小，人口密集，根本找不到一个绝对不危害居民安全的地方。看来只有迁往人烟稀少的偏远山区，但昂贵的运输费用却是诺贝尔难以承受的。怎么办？诺贝尔进退两难。

经过苦思冥想，诺贝尔想出了一个异想天开的主意：将工厂建在水面上。具体做法是：以一条大驳船做平台，将工厂比较不安全的部分如生产车间、火药仓库建在上面，用长长的铁链固定在岸上；将工厂其余部分建在岸上。一道难题就这样解决了。

好主意常常装在别人的脑袋里，甚至装在一个远不如自己聪明的脑袋里。只相信自己的聪明才智的商人，是没有出息的商人，一流商人最擅长的一件事是从别人那里得到智慧。然后他将发现，当他无计可施时，总有人能帮他找到一条出路。

有一次，盖蒂购买了只有一间小房子那么大、油藏量却很丰富的石油地。这块地夹在别人的地中间，通往公路的通道有几百米长，却只有四米宽，无法将大而笨重的钻井设备运进来。看来这块地根本无法开采。

正在盖蒂一筹莫展时，一位钻井老手对他说："我想可以搭建一个小型的钻井塔来钻井！假如能找到人设计，我们就造得出来，但我想不出怎样从公路上把东西运进来。"

盖蒂受到启发，马上想到：如果能用小型塔来钻井，不是也能造一条小型铁路解决交通问题吗？

他说干就干，很快造出小型铁路和小型钻井塔，在这块地上开采出了石油。

还有一个叫杜尔奈的商人，以低价购买了一家小得可怜的号牌制造厂。这家工厂只有四台老式机器，生产效率低下，根本无法跟那些采用自动化生产的大厂竞争，亏损累累。

杜尔奈无法可想，向全体员工宣布："请各位一起想想办法，看这个工厂还有没有救。否则我只好宣布倒闭。"说罢，他给员工们送上纸和笔。

每个员工都想了一些办法，写在纸上交给杜尔奈。其中一位小学徒信中的一句话触动了杜尔奈的灵机：变更材料，是不是可以达到降低成本的目的？

杜尔奈想，以他的实力，改进设备和技术都是不现实的，只有改进材料才是可能的办法。当时的电线号牌都是铝制的，价格比较贵，如果能找到一种便宜的替代材料，就能降低成本和价格，跟那些大厂竞争。

于是，杜尔奈与员工们一起研究，终于找到了一种理想的替代材料：将一种韧性很强的白皮纸刷上一层透明胶，硬度、柔韧度都跟铝制品差不多。

杜尔奈申请了这项发明的专利后，很快生产出价廉物美的电线号牌，其价格比铝制品便宜三分之二，一上市就成了抢手货。

半年后，杜尔奈的工厂扩大了两倍，完全采用自动化设备，具有了更强的竞争力，一举成为同行中最有实力的公司。

了解原因换路走

市场给商人提供了各种机会，也提供了各种与他人的合作途径。当商人在一条路上走不顺时，先退后一步了解原因就会发现，更多光明的大道被自己忽视了。

松下公司的两个新产品—附属插头和双灯用插头—刚投向市场就备受欢迎。

为了迅速打开局面，松下幸之助与吉田签订总代理合约。吉田负责总经销，松下负责生产并从吉田那里取得 3000 万日元保证金。

松下立即将资金用于扩大生产规模，月产量剧增。

东京的电器制造商因此联合起来，不惜血本，大幅降价，致使松下的双灯插座几乎到了无人问津之境。

吉田于是赶到松下住处，交涉减价事宜。

松下为难极了。要减价，先得从出厂价减起，可出厂价如何减得下来？

不得已，松下与吉田解除了合约。怎么办呢？松下决定自己抓销售。松下走上大阪的大街。走了数家电器经销店后，他发现一个惊人而有趣的事实：经销商要求减价的部分，与吉田商店批发的毛利大约相等。

也就是说，松下的双灯插座的出厂价不变，取消总经销的中间环节，经销商的零售价格与其他厂家双灯插座的零售价大体接近。

松下一家挨一家拜访经销商，说明与吉田解约的原因，提出为经销商直接批发。经销商都表示欢迎。

其中一位经销商说："松下君，说来是你不应该。你生产这么好的东西，却交给吉田一店包揽，真是莫名其妙。如果直接批发，我们今天就买你的东西。"

真是出乎意料地顺利，积压的双灯插座全部被销售出去。

经销商表示，以后松下工厂如果出了其他产品，他们也会继续帮着卖。

与吉田公司签约又解约，这本是坏事。由于松下的坚韧不拔，结果坏事变成了好事。并不熟悉销售的松下，在这么短的时间里，建立起了销售网，不能不说是一个奇迹。老子讲福和祸的辩证关系，道理就在这了：事在人为。

只要商人愿意退，多方观察，脚下的路还是有的。

改变一下行为就会柳暗花明

人无完人，商人在决策时出现错误在所难免。只要肯退一步从自身上找出原因加以改变，自然就会有路可走。

雀巢公司是全球规模最大的跨国食品公司，至今已兴盛发展了 120 多年。它所生产的食品，尤其是速溶咖啡，时下人见人爱，风靡全球，是其拳头产品之一。然而，就是这样一个饮誉世界的雀巢帝国，在 20 世纪 70 年代却险些信誉扫地，"一命呜呼"。

20 世纪 70 年代末 80 年代初，世界上出现了一种舆论，说雀巢食品的竞销，导致了发展中国家母乳哺育率下降，从而导致了婴儿死亡率的上升。由于当时雀巢的决策者拒绝考虑舆论，继续我行我素，加上竞争对手的煽风点火，到了 80 年代，竟形成了一场世界性的抵制雀巢奶粉、巧克力及其他食品的运动。雀巢产品几乎在欧美市场上无立足之地，给雀巢公司带来了严重的危机。在残酷的事实面前，雀巢公司的决策者不得不重金礼聘世界著名的公共关系专家帕根来商量对策，帮助雀巢公司渡过这一难关。

帕根受此重托后，立即着手调查分析。结果，他发现，造成这场抵制雀巢食品运动的根源，就是雀巢公司以大企业、老品牌自居，拒绝接受公众的意见。另外，由于雀巢公司的推销活动，对公众是保密的，这使得雀巢公司与公众之间的信息交流不通。所有这一切，都犯了公共关系的大忌，也就难怪误解、谣传骤起。

帕根根据调查分析的结果，制定出了一个详细周密的公共关系计划，呈报给雀巢公司。帕根的这一计划，把行动的重点放在了抵制最强烈的美国，虚心听取社会各界对雀巢公司的批评意见，开展大规模的游说活动，组织有权威的听证委员会审查雀巢公司的销售行为等，使舆论逐渐改变了态度。

在"近攻"取得初步胜利的基础上，帕根建议接任雀巢公司总经理之职的毛奇，开辟发展中国家的市场，把它作为雀巢产品的最佳市场。在开拓市场过程中，雀巢公司吸取了以往的教训，不是把第三世界的发展中国家单纯看作雀巢产品的市场，而是从建立互利的伙伴关系着手。

雀巢公司每年用 60 亿瑞士法郎，从发展中国家购买原料，每年拨出 8000 万瑞士法郎，来帮助这些国家提高农产品的质量。同时，还聘请 100 多名专家，在第三世界国家举办各种职业培训班。比如，在印度的旁遮普邦，雀巢公司进入莫加区建立了一个奶品工厂。由于那里的家庭所饲养的产奶水牛，不仅营养不良，而且很多都染有疾病，大多数农民只能生产仅够自己所需的牛奶，根本没有任何剩余牛奶可供出售。于是，雀巢公司设立了一个免费的兽医服务处，以批发价格向农民供应药品，并提供低息贷款支持开掘新水井，增加用水的供应。

这样一来，更多的草料长起来了，牛犊的存活率也从40％提高到75％。在这一计划开始时，那里只有4460户牛奶直接供应者，在计划实施之后，牛奶供应者超过了3.5万户，每年向雀巢公司售奶可达11.7万吨。牲畜疾病已基本绝迹。这个奶品工厂发展所创造的繁荣，已带动了电力、电讯、农机、交通事业的发展。

如此一系列的活动，使雀巢公司在发展中国家里树立起了良好的形象，因而销路大增。又取得了"远交"的胜利。到1984年，雀巢公司的年营业额高达311亿瑞士法郎，雄居世界食品工业之首。而其成功的关键即是帕根对问题清醒的认识。

退是为了更好的进

一切的成就，一切的财富，都始于健康的身心。失去健康，不仅仅是损害了事业和成功，同时也使自己无法享受美好的生活。

——拿破仑·希尔

保住自己的"本钱"

每天，人们都可以看见商人们为谋利而忙碌的身影。的确，付出一分耕耘才能得到一分收获，但商人的生活中是否只有耕耘呢？健康是一个人也是商人最大的本钱，忙于生意的商人必须学会从工作中适时抽身，关注一下自己的健康。

乔治先生的秘书在接待一位来访的大客户时说："很抱歉，我们经理刚去夏威夷度假了，要不您等四天再来吧！"

"什么！四天？他扔下这么大的生意摊子，竟然去度假四天！"客户的眼睛如同两只铜铃，仿佛质问的对象是自己的下属。

"是的，经理走之前，交代得很清楚，在这四天中不要用公事打扰他！"秘书毕恭毕敬地回答。

"那么，我给他打电话可以吗？"客户紧接着问，"我不谈公事！"

秘书犹疑着答应了。

"你工作一个小时可以挣 50 美元，你一下子就休息四天，一天八个小时，一个月就少挣 1600 美元，一年你就少挣 12 个 1600 美元，老兄，这值得吗？"客户接通了乔治先生的电话，开始叫起来。

乔治先生懒洋洋地在电话里回答："我一个月多工作四天，一天八个小时，我能多挣 1600 美元，可是我的寿命将减少四年，四年的损失就是 1000 多个 1600 美元，到底哪种损失更大呢？"

当工作和健康有了冲突的时候，你会怎么办呢？乔治先生毅然选择了休息，投入自然美景中，享受生活的乐趣，这样无疑更有利于工作，更有利于事业发展。

　　比起一般人来，商人要忙碌得多，几乎所有的商人都知道不要将私人时间融入工作，但几乎每个商人都曾经毫无顾忌地侵占了私人的休息时间。你可以计算一下自己的工作时间，作为一个年轻的商人，在你创业的初期或者发展阶段，除了朝九晚五的八小时外，你是不是常常赶早到办公室，此外还要加几小时的班，熬通宵也是常有的事。

　　"会休息才会工作"这个道理相信大家都明白，知道硬撑着会降低工作效率，但还是不愿意"浪费"休息时间。我希望，乔治经理算的那笔账能够让你有清醒的认识——把工作当生活是多么愚蠢！

　　不管是心甘情愿还是身不由己地成为"工作狂"，他们都想在挣钱中体现自身价值，证实自我。这固然没有什么不对，社会也需要这些兢兢业业的人创造财富，但是，人生在世，只有真正懂得生活的人才不枉在这个世界上活一回。

　　世界上最精明的犹太商人一生活到老，赚到老，算计着自己的寿命用挣来的钱享受生活。他们既忙碌又清闲，懂得珍惜时间创造财富，也懂得保养身体享受生活。有着"钱的血统"的犹太商人尚且如此，你是不是更应该在挣钱的同时享受生活呢？

　　首先，要保证自己的身体健康，有充沛的精力应对纷繁复杂的事务。注重饮食，营养平衡，不要嗜烟喜酒，更不要纵情声色。

　　其次，要有健康和稳定的心态。平和的心境很重要，太多的欲望、急功近利、消极不振或者牢骚过多都不利于消除紧张和疲劳。记住：下班后一定要把所有烦恼和压力都抛开，要把身体健康和心灵安定放在首位。

　　钱是永远都赚不完的，而生命是脆弱而短暂的。商人在谋利之途上前进时，也要偶尔为自己的健康退一步，只有享受了生活，保住了健康，才能挣更多的钱，也才能更好地体验生活的本质。

"退求"成功之本

赚钱可以说是人生中最大的快乐之一，它除了能够提供多数生意人主要的智力刺激和社会互动之外，还是许多生意人唯一能展露才能、竞争并获得掌声的标准。拼命赚钱除了可以带来名声之外，还可带来财富、权力及擢升。但是，如果你真的把清醒的每一分钟都用来赚钱，而完全忽略自己的健康，那将是得不偿失的。因为，人不是那种只会干活不需要吃饭睡觉的永动机。

强健的心理、情绪与精神，都来自健壮的身体，假如你想功成名就，第一步，就是要考虑健康问题。因此，当你能够出人头地之前，首先需要学习的一个简单而重要的课题，就是如何让你自己——你的体格变得强壮。因为只有身体健壮的人，才能具有精明的脑子和旺盛的精力。没有好的身体，在这个物质世界上，什么也甭想实现。简单地说，身体健康是生意人获得成功的"硬件"，一个生意人成功的基础是身体健康。通过体育锻炼和良好的饮食，才能有聪明睿智的脑子。

可现代大多数人最容易犯的一个毛病，就是对于已经拥有的东西不怎么珍惜，而对于将要失去的却总想挽留，这一点在对待健康方面体现得最为明显。当一个生意人无病无灾时，他总觉得自己是"铁打"的机械人，可以不吃不喝一天干它 24 小时。这种情况多体现在年轻力壮正当年的生意人身上，因为年轻他们不懂得爱惜自己的身体，天天为赚钱而奔波，在商场里逐鹿争雄，总想着出人头地。不过，当到了一定的岁数，精神和体力都会明显衰退。到了百病缠身时，生意人可能要花上大量的时间用来休养和用无数的金钱进行治疗。其实，如果在年轻时就注意自己身体的保养，也可能用不了多少时间和金钱，你就会拥有一个强健的体魄。

虽然都市人的寿命在统计数字上看，确实是随着医疗条件的改善而有所延长，但是人的健康状况却并不怎么如意。许多现代"文明病"随着超负荷的工作压力、食物添加剂、空气污染、环境恶化等，而死死地"缠"住人类。

比如说，交通拥挤、工作场所的明争暗斗、没完没了的高速工作，都会令人情绪紧张和呼吸急促，造成种种内分泌的失调，可能患上诸如便秘、痔疮等疾病，进而使人情绪不安和暴躁。据有关资料显示，很多病是与人的情绪有直接关系的，这些疾病包括糖尿病、忧郁症、关节炎、腰酸背疼、高血压、哮喘、头晕目眩、心律不齐、综合疲劳症等。

此外，空气调节（即冷气）是现代写字楼所必备，虽然在里面办公冬暖夏凉，悠哉悠哉，非常舒服，但是经常关起窗户，使办公室里的空气越来越差，而且复印机、传真机和电脑等现代办公设施造成的污染，使办公室里空气的正离子大量增加，疾病便会接踵而至。另外，那些从事生产的场所震天的机器轰鸣声，也会令人心跳加快和耳鸣，长期处于噪声严重超标的环境，人的听觉会大大下降；工业区所散布的废气和尘埃，常常会引起呼吸道疾病。

到了生病时，人们一般都会下意识地去医院，但是许多生意人看病经常是属于"穷应付"，病情稍稍有点缓解就认为已经痊愈，而重新投入给你带来疾病的环境和工作之中。如此周而复始的恶性循环，最后实在坚持不住了，也失去了宝贵的治疗时机。对于疾病与健康，生意人最容易犯的毛病还有一个"侥幸"心理，总觉得没什么大不了的，小毛病一桩，坚持一下就过去了。这是最不可取的想法。

其实，健康就是财富，生意人千万不要为了追求身外的财富而忽略了自己最大的"财富"——健康。做人除了要懂得给自己"减压"之外，及时进行适当的治疗和注意日常健康，也是非常重要。食物方面，生意人不妨多选取一些新鲜的东西，不含添加剂和色素者为佳。像罐头、方便面、饮料、朱古力等，都不会给人带来健康的身体和需要的营养，生意人尽量少用或不用。

只要合理安排，注意健康与你的生意丝毫不会产生矛盾，有时一个微小的举动或者一个很简单的改进，都会令你享受到健康的快乐。比如，在办公场所加装一部空气净化器，可以通过改善办公室的空气质量，来改善员工和你自己的健康状况，进而提高工作效率，小小投资却能起到非常大的效果，何乐而不为呢？当疲惫不堪时，与其勉强苦苦地硬撑着在那里工作，何不稍稍休息一下，然后再以充沛的精力投入工作，你会发现这样做之后工作效率可能更高。"马不停蹄地冲刺会坏了生意"，华尔街日报曾刊登一篇论生意人拼命工作的文章，该文章中有这么一段叙述："长期的奋战不懈、把所有精力集中在繁杂的细节、工作一再拖延难以卒成……都会使心智疲于奔命。结果是：错误率高居不下、大众心理难以掌握、意外事件增多以及人员素质的日益滑落。"

许多生意人之所以每天忙忙碌碌没个闲，除了商场的竞争激烈外，很多情况是他们自己没有计划好，可以说整天都在"瞎忙"。

"瞎忙"的人是很难踏上成功殿堂的。纵观处于巅峰的大商人们，他们总是计划好自己的工作与休息。该忙碌的时候努力去拼，更多的时候则退求健康这个成功之本。所以他们更从容，更有效率，进得也更快。

摒弃退的心理负担

草原上有两匹马，一高一矮正在悠闲地啃着肥美的青草，只见天苍苍，野茫茫，放眼望去绿油油的一片。它们心情舒适，边吃边聊，往远处走去。

"一会儿等我们吃完了，再回头吃吧！你看还有好多没有吃呢！"那匹矮点的马说道。精良的马听后，不屑一顾地打了一个响鼻，根本就没有往后看看，它心想："好马不吃回头草，往回走什么呀？还怕前面没有草吗？"想到这里，它轻蔑地对刚才提议的马说："我可不愿意辱没了'好马'的名声，要吃你自己回头吃吧。"

两匹马一直往前走，可是草越来越少，矮马说："我们还是回去吧！再往前走恐怕就没草了。"

"好马"还是那种傲慢的表情，矮马回头走向草原，好马独自走向前方的沙漠边缘。可是它仍旧没有回头看看身后的矮马埋头吃草的陶醉样子，最后这匹"好马"一头栽倒在沙漠中了。

高大的骏马就这样因为一句"好马不吃回头草"堵住了自己的退路，没有了回旋的余地，而知道为自己留一条退路的马却活得逍遥自在。

很多人认为"好马不吃回头草"表露出的是一种一往无前的勇气和

志气，实际上，这个说法颇有点"一条巷子走到黑"的意味，是一种盲目的勇气！为了名义上的"好"而"不吃"，而"草"却是真正的"好草"，"回头"又有什么不好？难道你不知道"苦海无边，回头是岸"和"浪子回头金不换"这两句话吗？

"回头"往往包含着新的机会、新的开始和新的面貌。可惜的是很多人在面临该不该回头的时候，都把"意气"当成"志气"，或用"志气"来包装"意气"。如果是生意上的"不吃回头草"，就预示着丧失新的赚钱市场和重新开始的机会。衡量一匹马的标准并不是看它是否吃"回头草"，而是看它到底有多强壮，足以忍耐多长的距离。同样的道理，判断一个商人成功与否的标志不是他是否做"回头生意"、"重操旧业"。

吃不吃"回头草"对商人来说意味着很多东西，因为"前程"并不都"似锦"，如果"回头"面对的是自己熟悉的环境，其中的规律也了如指掌，操作起来轻车熟路，游刃有余，这个时候就是"进一步山穷水尽，退一步海阔天空"。这样的选择，进退就在一念之间，而筹码却是多少财富和发展的机会啊！

所以，商人不仅要有健康的体魄，更要有健康的心理，一个能够正视"退"的良好心理。为什么不理性地思考一下这些问题呢：

①我现在有没有"草"可以吃？如果有，这些草能不能吃饱？如果不能吃饱，或目前无草可吃，那么未来会不会有草可吃？在吃到草之前，我尚能支持多少时间？

②这"回头草"本身的"草色"如何？值不值得去吃？吃了会对你产生多大的意义？

③假如"吃了回头草"会让你失去什么？如果失去的只是诸如"面

子"、"志气"这些事情，你都不必去考虑，因为一考虑"面子"和"志气"，你就会失去对目前处境冷静、客观的判断，换句话说，你要考虑的是现实问题，而不是面子和志气这些表面的问题！

当然，吃"回头草"时，商人会遭到周围人对你的议论，让你"消化不良"！既然人们都说"走自己的路，让别人去说吧"；那你何不潇洒地"吃自己的草，让别人去议论吧"。你只要认真诚恳地吃，填饱肚子，养肥自己就可以了！何况时间一久，别人也会忘记你是一匹吃回头草的马；甚至当你回头草吃得有成就时，别人还会佩服你：果然是一匹"好马"！

每个人的观念都有所不同，但面对生意场上的残酷竞争，"回头"就多一次机会，发展才是硬道理，毕竟饿死的"好马"就变成没有价值的"死马"了。

|第三章|
收缩战线重拳出击

只知进的商人会在应付各种问题时，不停地分散手中的筹码，而退则是为了集中力量。商人在选择退之后，对往日遍布许多领域的投入就要有所取舍。将各种资源整合后集中加强自己的核心竞争力，然后就是迈开前进脚步，重拳出击的时刻。

急于求进要不得

在任何交易中，你越是急于求成，正常的判断力则越会变得迟钝，你所支付的代价也就越昂贵。

——鲍勃·罗塞夫斯基

顺应形势以退为进

面对形势的风云变幻，寻求所谓的体面，坚持原先的做法是行不通的。

英国友尼利福公司经理柯尔在企业经营中，有一个基本的信条，即

"不拘束于体面，而以相互利益为前提"。依据这一信条，他在企业经营和生意谈判中常常采用退让策略。在一定情况下，甘愿妥协让步，以赢得时机发展自己，结果可能是退一步，进两步，实质上还是自身获益。

友尼利福公司在非洲东海岸早就设有大规模的友那蒂特非洲子公司，那里有丰富的肥料，并适合于栽培食用油原料落花生，是友尼利福公司的一块宝地，也是其主要财源之一。第二次世界大战结束后，随着非洲民族独立运动的兴起和发展。友尼利福这些肥沃的落花生栽培地一块块地被非洲国家没收，这使该公司面临极大的危机。针对这种形势，柯尔对非洲子公司发出了6条指令：第一，非洲各地所有友那蒂特公司系统的首席经理人员，迅速启用非洲人；第二，取消黑人与白人的工资差异，实行同工同酬；第三，在尼日利亚设立经营干部养成所，培养非洲人干部；第四，采取互相受益的政策；第五，以让步寻求生存之道；第六，不可拘束体面问题，应以创造最大利益为要务。柯尔在与加纳政府的交涉中，为了表示尊重对方的利益，主动把自己的栽培地提供给加纳政府，从而获得加纳政府的好感。后来，为了报答他，加纳指定友尼利福公司为加纳政府食用油原料买卖的代理人，这就使柯尔在加纳独占专利权。在同几内亚政府的交涉中，柯尔表示自行撤走公司，他的这种坦诚的态度反而使几内亚受到感动，因而允许柯尔的公司留在几内亚。在同其他几个国家的交涉中，柯尔也都采用了退让政策，从而使公司平安地渡过了难关。

在生意场中，必要的退让可以换来更大的利益；一味地咄咄逼人则有可能使你陷入死胡同。当然，退让策略的运用，既要适时，又要得体，一定要充分掌握对方的心理活动，使自己有必胜的信心，同时，要对自已控制局势的能力有正确的估计，万不可不分时机地滥用。

负债急进代价高

商人应根据市场的变化随时调整策略，如果一味从主观出发，借债铺"摊子"，总有一天会被"摊子"撑破。

曾经一度在南非市场叱咤风云的韩国现代集团在南非的代理分销公司由于累欠债务高达 87.7 亿兰特（6 兰特合 1 美元），宣告破产，接着南非比勒陀利亚最高法院做出裁决，责令有关机构对该代理分销公司在南非的资产进行清算。

现代牌汽车在南非是后起之秀，也算得上名牌产品，因其物美价廉成为市场的抢手货。目前南非大街小巷奔跑着 8 万多辆现代牌汽车。现代集团财大气粗，事业如日中天，怎么会在一夜之间突然垮掉？

现代集团在南非翻船出人意料。根据南非汽车协会最近统计的数字，1999 年 12 月，现代牌汽车在南非销量位于前 10 大名牌汽车之内。但在这虚假繁荣的后面，现代集团实际上一直在负债经营，每年的盈利抵消不了庞大的债务，在进入南非短短的几年内，其债务额比资产额多出 10.8 亿兰特。上一财政年度，现代集团在南非严重亏损，亏损额达 13.3 亿兰特。

一位不愿透露姓名的现代集团在南非的高级雇员透露，当初现代集团的决策层对当地市场做出了错误的判断。南非基础设施先进，公路四通八达，世界各大汽车厂商将其视为潜在的大市场，不惜耗费巨资，为争夺该市场展开了激烈的竞争。现代集团进入南非市场较晚，但来势威猛，不惜血本大做广告，跟日本厂商展开了一场"双雄会"。现代集团急于求成，它在南非刚刚立足，便急忙投资 3 亿兰特在邻国博茨瓦纳建了组装厂，专门向南非供货。

大投入曾一度换来了收获，现代集团分得了南非市场的一杯羹，其经营最好的时期曾达到每月销售 800 辆汽车。但南非市场毕竟有限，贫富悬殊，能买得起汽车的人只是少数，加上内需不旺，汽车市场不久便呈现疲态，1999 年市场的汽车销售量创 1992 年以来最低点，从 1998 年到 1999 年，销售量就降低了 5.9 个百分点。现代集团的汽车销售量也不景气。更为不利的是，前两年南非更改了低关税政策，提高了银行贷款利率，造成生产成本猛涨，生产汽车越多，亏本越多。但现代集团已无路可退，因为它已经投入了血本，只能做个过河的卒子，继续大举借债，硬着头皮往前拱。

现代集团在南非吃败仗的另一个原因是缺乏后劲和充足的实力。受亚洲金融危机的冲击，在韩国的公司近年来自身难保，对其在南非的子公司无法起"保护伞"的作用。当子公司陷入困境，南非各银行拒绝再向其提供贷款支持时，总公司无力伸出援助之手，所以子公司只好宣布破产。

后来，现代集团曾把子公司在南非的资产推向市场出售，但无大公司愿意出面收购。现代牌汽车的车主面对维修保养和保险无法保障的情况，只能向有关机构提出索赔，这真是老问题没解决又遇到新麻烦。

如果现代集团能够及时退一步，收缩战线，稳住现有的市场份额，就不会这样溃不成军了。

发现错了就别较劲

许多商人有一股子"犟"劲，特别是在生意场上向前冲的过程中，发现错了却不肯回头，不愿退。有的甚至主观认为挺过这段时间就能转好。他们凭自己的想象"犟"下去，其结果除少数幸运儿外大多数都以失败而告终。

人再聪明，思虑也总有不周的时候，有时再加上情绪及生理状况的影响，于是就会无可避免地犯错——估计错误、判断错误、决策错误！

所以，你越重视你的错误，你就越容易犯错误，你越重视你的问题，就会有越多问题产生。因为你的行为在服从你的注意力。当你的头脑中充满了混乱、矛盾、错误、问题时，你的注意力就会汇集于消极方面，给你重犯错误制造一个思维背景。

而且每一个问题或错误，都存在着扩大的可能性，若你对它们过于紧张，就会阻碍自己迅速找到解决办法，使事情越来越糟。

一味地忧虑，你将只看到错误和错误后的糟糕局面；相反，笑待你的错误，放轻松一些，保持精力充沛，那么你将积极地搜寻答案，力图解决，寻找翻身的机会。

我们需要相信：错误不过是成功路途上的垫脚石。下面介绍几种应对失败的方法，希望能够给在生意场上打拼的朋友们以启迪。

（1）克服失败的恐惧

遭到失败后，不要恐惧，不要一蹶不振。告诉自己，人人都有犯错的时候，保持坚定的信念，从而及时抓住再次成功的契机。

一位智者曾经说过，一个人成就高低，和他遭遇逆境、克服失败和打击的程度成正比。每一次的逆境、失败或挫折，都隐藏着再次成功的契机，当我们处在失败的恐惧中时，是看不见这种机会的。所以一定不要恐慌，保持信心，努力追求，必将获得更大的成功。

（2）分析失败的原因

商场上失败的因素有很多，但主要原因大致有以下几种：

①用人不当

生意场最忌用人不当。如果把工作交给不负责任的人，必然是成事不足，败事有余；如果把钱交给靠不住的人，更会有去无回，这两样都是致命的，千万要注意。

②进货不慎

做生意离不开货物，购进的货物质量如何，价格如何，是否畅销等等，都是成败的关键。所以首先要了解市场行情，决定在什么时候进什么货，其次要小心谨慎，对货物仔细检查，认真核对，特别是不要贪小便宜而亏大本。

③经营地点选择失败

经营地点选择不好，营业额就上不去，加上要支付租费、税务、水电、工资等，利润就无从说起了。

④管理不善

如果管理不善，即使有资本、有好地方，也会失败的。例如，不善于对员工的使用和管理，赏罚不分明，计划不周，职工素质差又不培训，财务混乱等等，都会导致倒闭破产。

⑤内部钩心斗角

凡是内部钩心斗角的公司企业，都不会有良好效益。作为领导，要善于协调关系，引导大家往一个目标努力，同心协力，才会取得成功。

当你分析失败原因时，可以对照以上各项，吸取教训，采取措施。即使现在你处于成功状态，也应引以为戒。

（3）如何应对失败

失败与挫折可大可小，首先你要区分一下你面临的是真正的危机，还是只是小小的麻烦，以采取不同的策略和行动。比如：

对威胁整个公司的大危机不可掉以轻心，应立即采取有针对性的措施，避免彻底的失败。

在此关头，你一定要沉着冷静，使更多的人沉着冷静。以下是面对危机和失败时，可采取的普遍性措施。

①坦诚地对待员工，不要在问题上裹糖衣。

②将责任具体地分配给每一个人，发动大家一起解决问题。

③重点考虑你最好的部下，他们是你最可托付的人，可和你并肩作战。

危机和失败，一般都会带来财务危机，针对措施有：

①实行全公司范围内的工资缩减。这尤其要包括公司领导层、经理层在内，以身作则。像国外很多公司在危机前，总裁首先最大比例削减自己的工资。

②将所有设施关闭几个星期，让大家共渡难关。

③让一部分员工提前退休。

④迫不得已时，解雇部分员工，但必须考虑政府法规和有关法律，做妥善安排，并对员工的工作表示感谢。

⑤如果是临时解雇，向员工讲明日后发展、后期利益等问题。

记住，一定要沉着！沉着冷静地应付，可以使你保持清晰思路，更快更好地解决问题。

（4）东山再起

当你战胜危机和失败后，要更坚定信心，更上一层楼。

应该重新树立目标——一个勇敢的、令人肃然起敬的目标。你无须顾忌过去，要专注于对未来的建设上。用你积累起来的经验和智慧，不要再犯同样的错误。

收回"拳头"再打出去

至少将眼光放在未来五年的发展上，确切地窥测出可能发生的问题和可以运用的机会。

——维克斯

要想乘虚而入就得先后退一步

商场竞争，很少有没有弱点的对手，关键是商人是否肯退一步，找准对方弱点再下手。

范旭东是位有远见的企业家，原本从事盐业生产，第一次世界大战爆发后，"洋碱"输入中国的数量大幅度减少，中国的碱市场出现异常稀缺的状况。机会难得，在范旭东先生的极力倡导下，中国第一家制碱企业永利制碱公司于 1918 年宣告成立。

永利制碱公司的成立，引起英国卜内门公司的极大不快，卜内门公司驻华经理对范先生说："碱在中国的确非常重要，只可惜先生办得早了些，就条件上说，再晚 30 年不迟。"范先生立刻反驳道："恨不得早办 30 年，事在人为，今日急起直追还不算晚。"

英国卜内门公司一直垄断着中国碱市场，第一次世界大战后，它又卷土重来，见到中国自己的制碱企业成功了，便恼羞成怒地向永利制碱公司发起猛烈进攻，但是没有成功。卜内门公司不甘心与永利制碱公司共享市场，便又调来一大批纯碱以低于原价的 40％在中国市场倾销，企图以此挤垮永利制碱公司。

面对卜内门公司的屡屡侵犯，永利制碱公司老板范旭东决心还击。永利公司与卜内门公司实力相差悬殊，无法正面与其抗衡。如果永利公司也降价销售产品，用不了多久，实力就会损失殆尽，如果不降价，产品卖不出去，资金无法收回，再生产无法进行，用不了多久，永利公司照样破产。如何是好呢？

范旭东先生苦思冥想，某日，他在书房踱步，瞧见了自己年轻时因参加"戊戌变法"失败后逃亡日本留学时的相片，触景生情受到启发，现在，为什么就不能暂避卜内门公司的锋芒而去日本发展呢？公司的创立，不就是钻了卜内门公司无暇顾及的空隙吗？范先生决定东渡日本，替永利制碱公司谋求生存和发展，他立即着手市场调查分析及计划实施。日本是卜内门公司在远东的大市场，战争刚刚结束，百废待兴。卜内门公司产量有限，能运到远东来的数量就不会太多。卜内门公司现在在中国市场倾销这么多碱，那运到日本的数量肯定不多，日本碱市场肯定缺货。

永利制碱公司的纯碱，虽然在日本的销量只及卜内门公司的1／10，但是却如一支从天而降的轻骑兵，向日本的卜内门公司发起突袭。

卜内门公司为了保住日本的大市场，迫不得已停止在中国碱市场进攻永利制碱公司，主动要求谈判求和，并希望永利制碱公司在日本停止挑战行动。范旭东先生理直气壮地说："停战可以，但得有个说法，卜内门公司今后在中国市场变动碱价，必须事先征得永利公司的同意。"卜内门公司别无选择，只好同意了。

永利制碱进军日本可谓是神来之笔，肯先退一步用"调虎离山"之计，乘虚将碱打入日本市场，等卜内门公司回顾日本市场时，再猛击它在中国的碱市场，令对手穷于应付，首尾难顾。正面受到强敌的攻击，为保持实力，以求发展，完全可以效法永利，迂回前进。

退身游击以小博大

商人在与比自身强大的对手竞争时，退身展开"游击战"不失为明智之举。既然硬碰硬不行，为什么不巧设谋略，退身游击呢？

哈勒尔最大的胜利，就是在20世纪60年代初购进称为"配方四〇九"（Formula409）的一种清洁喷液批发权，以及其后在全国展开的零售努力。到1967年时，"配方四〇九"已经占有5％的美国清洁剂产品市场，以及几乎一半的清洁喷液区域市场。这是一项很舒服的专卖权，也带来很舒服的生活。哈勒尔既不用顾虑股东（公司在他严密掌握中），又不用担心强大的竞争对手（喷液市场并不很大）。

然后来了宝洁公司——家用产品之王，任何公司碰到它都不会掉以轻心，它推出了一种称为"省事"（Lestoil）的新清洁剂。哈勒尔的生意遭遇到一个问题：它成功的程度叫人看了眼红。

"宝洁"正是那种看了会眼红的公司。当哈勒尔建起他的"配方四〇九"生意时，"宝洁"已经采用"象牙肥皂"配方近 10 年之久，成为一项新的家用产品，并且也找到向大众做诉求的方式。当然，该公司也因为问卷调查、个别和集体的访问，以及随着产品的每一推出阶段所进行的数字统计和心理分析，对产品的质量和包装颜色做了许多改进。

可是"宝洁"的基本主题还是一样：建立一种新产品，向已经在经销本公司其他产品的零售商进行推销，并且利用大量的广告来争夺市场占有率。

因此，当有一项清洁产品逐渐打开市场时，当然要叫"宝洁"眼红了。"宝洁"为了保护自己的优势，就必须推出一种竞争性产品，借此开辟新的生意领域。1967 年，它开始试销一种称为"新奇"（Cinch）的清洁喷液。

但是，"规模大"却也有不利的一面。小公司可以迅速行动，可以一面打一面跑，它不会陷入大规模的官僚泥淖中。就在"宝洁"一步一步展开行动时，哈勒尔听到了风声，并且得悉丹佛市被选为第一个测试的市场。

哈勒尔所采取的战术完全适合公司本身的小型规模。他很巧妙地从丹佛市场撤出"配方四〇九"。当然他不能直接从超级市场货架上搬走，因为这样"宝洁"就会发觉，但他可以中止一切广告和促销活动。当某一商店销完"配方四〇九"时，推销员所面对的是无货可补局面。这是一种游击战：用静悄悄而又迅速的行动去扰乱敌人。这种战术发生了作用。新奇清洁喷液在试销中表现极佳，宝洁公司在丹佛市负责产品试销的小组，现在可以回到辛辛那提总部得意扬扬地声称："所向披靡，大获全胜。"由于虚荣心作祟，再加上对"宝洁"信心十足，使他们完全没有意识到哈勒尔的策略。

当"宝洁"开始发动全国推销攻势时，哈勒尔开始采取报复措施。他用的策略是设法打击"宝洁"高级主管的信心。他借着操纵丹佛的市场而使宝洁公司对"新奇"抱着很高的期望，现在则要使实际销售情况远不如当初的想象。因此，他把16盎司装和半磅装的"配方四〇九"，一并以一块0.48美元的优惠零售价销售，比一般零售价降低甚多。这纯粹是一种削价战——哈勒尔并没有充足的资金长期支撑，但却可以使一般的清洁喷液的消费者一次购足大约半年的用量。他用大量的广告来促销这种优惠商品。

哈勒尔赢得很险，所有的小公司通常都是如此，尤其是面对"宝洁"这种强劲的对手时。可是，哈勒尔深知大公司的心理。他知道这种公司都自信，他知道这种公司都相信花大钱对新产品进行的市场测试结果。他判断"宝洁"会因为规模太大，而不去密切注意他的动静。"宝洁"是一头大象，精灵古怪的小猴子很容易听到它的脚步声而先躲开。

市场的竞争，从某种意义上来说就是对顾客的竞争，如果充分利用自身的优势，打败名牌，即使是处境困难的企业，也能摆脱山重水复疑无路的困境，走上柳暗花明又一村的坦途。哈勒尔的战术与自己公司的规模完全适合，他打的是一场游击战，小型公司也有小型公司的优点，这一点被他充分利用，而"宝洁"仗着自己的财势、声誉，不注意对市场细微环节的调节，以致在这场交锋中失利。

扬长避短退中取胜

商场如同战场，胜利总是伴随失败，关键是如何看待失败。真正的强者是在失败之后，对自己的力量退一步重新估价，进行认真的分析研究，找出自己与别人的差距和不足。最后充分发挥自己的优势。

美国的山德斯联合公司是美国新泽西州最大的工业企业。在美国的精密国防电子装备，以及用于商业方面的电脑绘图等先进领域，均居于领导地位。就是这样一个技术力量雄厚的公司，在投资于商用电脑终端机时却遭到了失败。商用电脑终端机在当时是很具有吸引力的一项商业投资。20世纪60年代末，山德斯联合公司决定生产用于预约业务及账务系统的商用电脑终端机。

这一项新的投资与它原来已经取得成功的雷达、电子组件及反潜战系统等业务大不相同。这项新的业务，需要在消费者面前与像IBM之类的大公司决个胜负。山德斯联合公司只长于为国防方面买主提供精致细密的高级产品，而商用品的买主并不重视精密细致的优点，只注重使用方便。这就注定了山德斯联合公司要失败。后来山德斯公司又发展了电脑辅助设计和电脑辅助制造系统的终端机，结果都失败了。正如山德斯联合公司的董事长包尼斯所承认的："我们选择了错误的行业。"经过几年的摸索之后，山德斯联合公司对自己的经营进行了认真的总结分析，找到了问题的症结所在。认识到："我们所生产的终端机的确是再好不过了，但我们缺乏行销和服务技巧。我们的产品设计得虽然很好，但却已被别人抄袭仿冒，而外行的使用者却对我们的设计不欣赏。"于是，山德斯公司又重新集中力量发展军事方面产品的业务，制造电子武器，如指挥与控制体系、海洋追踪监视系统以及电脑测试装备。而且在策略研究上用了两年时间，发展了一种新的商业产品——互动制图器，这与以前失败的商用电脑终端机的投资情况大不相同。山德斯联合公司以高科技战略，很快挤进电脑绘图器这一市场已经发育成熟的行业。到1984年，山德斯联合公司的新策略有了收获，绘图器系列产品的营业额达到25500万美元，纯利润2500万美元；在国防电子产品方面，年销售收入接近5亿美元。

退到对方角度看问题

推销的关键不在于死皮赖脸，而是让对方产生购买产品的欲望。

——杜朗

为对方分析利弊

美国著名钢铁大王卡耐基是一个为对手分析利弊的好手。每当有争执时，他都退到对方的角度来谈论。

卡耐基每季均要在纽约的某家大旅馆租用大礼堂 20 个晚上，用以讲授社交训练课程。

有一季度，当他刚开始授课时，忽然接到通知，要他付比原来多三倍的租金。而这个消息到来以前，入场券已经印好，而且早已发出去了，其他准备开课的事宜都已办妥。

很自然，卡耐基要去交涉。怎样才能交涉成功呢？他们感兴趣的是他们想要的东西。两天以后，卡耐基去找经理。

"我接到你们的通知时，有点震惊。"卡耐基接着说，"不过这不怪你。假如我处在你的地位，或许也会写出同样的通知。你是这家旅馆的经理，你的责任是让旅馆尽可能地多盈利。你不这么做的话，你的经理职位难得保住，也不应该保得住。假如你坚持要增加租金，那么让我们来合计一下，这样对你有利还是不利。"

"先讲有利的一面。"卡耐基说，"大礼堂不出租给讲课的而是出租给办舞会、晚会的，那你可以获大利了。因为举行这一类活动的时间不长，他们能一次付出很高的租金，比我这租金当然要多得多。租给我，显然你吃大亏了。"

"现在，来考虑一下'不利'的一面。首先，你增加我的租金，却是降低了收入。因为实际上等于你把我撵跑了。由于我付不起你所要的租金，我势必再找别的地方举办训练班。"

"还有一件对你不利的事实。这个训练班将吸引成千的有文化、受过教育的中上层管理人员到你的旅馆来听课，对你来说，这难道不是起了不花钱的活广告作用了吗？事实上，假如你花 5000 元钱在报纸上登广告，你也不可能邀请这么多人亲自到你的旅馆来参观，可我的训练班给你邀请来了。这难道不合算吗？"

讲完后，卡耐基告辞了："请仔细考虑后再答复我。"当然，最后经理让步了。

这里要提请你注意，卡耐基获得成功的过程中，没有谈到一句关于他要什么的话，而只是站在对方的角度想问题。

可以设想，如果卡耐基气势汹汹地跑进经理办公室，提高嗓门叫道："这是什么意思！你知道我把入场券印好了，而且都已发出，开课的准备也已全部就绪了，你却要增加300%的租金，你不是存心整人吗？！300%！好大的口气！你疯了！我才不付哩！"

想想，那又该是怎样的局面呢？大争大吵必然炸锅了，你会知道争吵的必然结果：即使能够辩得过他，他的自尊心也很难使他认错而收回原意。

汽车大王福特说过一句话：假如有什么成功的秘诀的话，就是设身处地替别人想想，了解别人的态度和观点。

俗话说，媒婆一张嘴，甜死几多郎。大凡接触过媒婆的男女，没有几个不被说动心思，最后将开头的或少或多的不满意忽略，欣欣然地与原来不喜欢或看不上的人儿走到一起的。

这是因为媒婆在游说的过程中，显然没有个人利益，她所说的一切都是为你着想。

有些生意人，嘴巴上好像抹了油，讲起话来又甜又香。他会把曲的说成直，直的也可以变为曲。从复杂的商品销售到简单的青菜买卖均是如此，高明菜贩子的嘴巴比油瓶口还要滑：

"如果我是你，我就买这种菜。虽然贵了点，但是它新鲜、娇嫩，吃时爽口、清香……"

这些人为什么能够叫你打开原来不想打开的钱包，很重要的一条就是他站在你的角度上去分析判断问题并分析出它的好处。

变换报价的策略

商人在做生意的过程中，往往需要退一步从顾客的考虑出发，抓住对方想少花钱多买东西的心理，采用变换报价的方法，特别是虚报低价。

虚报低价者引诱人们在买卖中报低价，他并不打算按它去执行。他的目的是想通过提高附加费用或制造昂贵的变更来赚取高额利润，不管你是买还是卖，只要知道如何避开虚报低价来保卫自己，你就能节省大量的资金。

汽车推销员已把虚报低价发展成了一种艺术，当然不光他们是这样，船舶推销员也很快跟了上来。无论在哪种情况下，汽车和船本身的报价都很低。买主四处查询，发现推销员所报价格低，这时他很疲倦，也有点糊涂了。当他再去见那个报价极具吸引力的人时，事情变得多少有点不像他想象的那样了。

在就要成交之前，他才发现附加费、财务费和维修合同这些他从不知道还存在的东西，这些价格都是很高的。至于报价，显然有误区，由于突然需要做许多工作，而且也不值原先所想的那个价值，到这个时候，你以为虚报低价的受骗者该一走了之了吧，但他没有这样做，他希望把整个事情做完。

"变更是有待完成条件的契约中的利润"，一个建筑公司的副总裁如是说。他喜欢以低价合同"买进"，尔后，他利用产品变更、更换部件和持续维修等优势使自己赚钱。他带着会意的微笑接着说："当你知道一个聪明的项目经理或工程师通过鼓励客户变更预算能挣到数倍于他工资的钱时，会感到惊讶。"你想到这儿时，从汽车推销员的所作所为来看"买进"就不那么困难了。

对那些不知道他们想要什么的买主来说，虚报低价起的作用最好，他们不是对各种可利用的选择进行研究以满足他们短期或长期的需要，而是发现自己后来受到外加费用的引诱。有些时候受责备的不该是买主而是他的组织。由于预算问题，项目或工程经理容易降低他的要求，只是到后来，他才承认需要变更和外加费用，并按他应该的方式来进行工作。简便的做法是买主应把多数附加款项作为原买卖的一部分加以谈判。

到此为止，我们谈的是卖主如何向买主虚报低价的情况，反过来也行得通。其实买主也时常向卖主虚报低价。他们的做法是许诺大批订货，但从来不会实现；开始说工作很容易，后来又变得很难做；先是合理的交货进度后来又使劲催；先答应付钱，后又不兑现；许诺很快做出决定尔后又拖拖拉拉，因而造成代价很高的拖延。买主的虚报低价也是基于同一基本原理：先把卖主钩住，然后收紧。

有没有什么办法可以避开存心想虚报低价的麻烦呢？下面的建议就行：

①知道你要什么。

②不要被价格迷住。

③让卖主自己说清楚把所有的附加费包括在内的全部价格是多少。

④对不是你马上需要的东西要有所选择。

⑤只要可能，要对全价进行分解。

⑥要有严格的变更控制程序，以保证对规格变更心中有数。

⑦要克制贪心的欲望，它不像免费午餐那样简单。

虚假报价是一种容易使卖主上当的不道德的买主战术。买主用提出足够高的出价来避开竞争，一旦实现了这一点，便收回报价并开始认真地讨价还价。这是应对虚假报价的策略。

例如，一个人想以大约3000元的价钱卖船，于是这个船主在报纸上登了一则广告并招来几个有兴趣的买主。其中有个买主报价2850元并放下25元的定金。卖主接受了这一报价，于是他不再考虑其他买主了，他在等着有效的支票以便结束这桩买卖。几天过去了，但毫无动静。后来来了一个电话，那个买主沉痛地说他不可能再做这笔买卖了，因为他的合伙人（或妻子）不同意这样做。他说他比较过这类船，这只船也只不过值2500元，因为……当然卖主很生气，现在他开始怀疑合适的船价到底该多少钱，他也不愿意再登新广告，打电话，再把卖船需要的这一套工作从头做一遍。后来通常是以低于2850元的价格成交了。

在房地产业中虚假报价也屡见不鲜。对卖主来说它可能成为一种灾难，想占便宜的机灵买主可以使卖主陷入诉讼，致使他的财产不能卖给其他任何人，虚假报价的买主然后便处于强迫卖主低价出售的地位。

这一战术与逐步升级战术有许多共同之处，但有一个最大不同点，虚假报价特别是用来消除竞争的，也就是说单为买主留下余地。它所以能得逞是因为卖主没有思想准备，他们发出如释重负的轻叹并感谢他们的命运：船或者别的要出售的东西能"卖"到这样的好价格。

防止这种情形的第一条防线是要意识到有些人故意报虚价。下面所列几条有助于最大限度地减少它的冲击：

①要一笔数目大、不退还的定金。

②自己起草一份报价，列上最后期限和保护性条款。

③查一下买主的诉讼记录，如果他是个爱打官司的人，那你就要遇到麻烦。

④对太好的买卖要问个为什么。

⑤在买卖成交之前，不要扔掉有竞争性买主的名单。

⑥如有可能，应该让尽可能多的人在书面报价上签字。

这些对策在制止虚假报价方面是很有成效的。使用这一战术的买主对支付高价并不情愿，只要给他摊牌，他就会逃之夭夭了。

退后一步，把问题推给对方

有的商人总喜欢包揽一切，甚至在谈判中也要居于各种负责位置，这是不理智的，后退一步，把一些问题留给对方才属高明之举。

有位老板总是在谈判中遇到麻烦时，就把问题推给对方。一次，在谈判项目投资时，对方问道："这个项目打算投资多少？"他则不加任何思索反问对方："你说要多少才合适？"他的举动，确使不少人上了他的当。

谈判的双方如果都坦诚相待，真心合作，能直言相告将是一大乐事。一遇什么问题就回避闪躲，总让人感觉不踏实。在关键时刻适当地把球踢给对方，还是可行的。实际上，无论遇到什么问题，坦坦荡荡地告诉对方最为妥当。面对故意的挑战，直言回击，总会让他措手不及，反而更加难堪。

向大公司开展推销活动，总是需要耐心和时间。不可能像与小公司打交道，见一面就做成生意。这是由大的体制所致，他们的决策机器运作相对慢些，如果偶尔有那么几笔生意能迅速成交，一定是双方太了解，或者要的正是畅销货；或许是运气不错。

照常规，一笔业务成功，来来往往总要谈三次。第一次洽谈，双方都急于知道对方的情况，如产品、营销策略、重要的决策、有无合作的机会等等；第二次洽谈，根据已掌握的对方情况，有针对性地提出合作的意向和具体方案；第三次洽谈，再次向对方的决策者阐明己方的方案和合作的要求。这是最为重要的一次会谈，它能给我们提供许多非常的情况和信息，没有这些资料，就没有以后的会谈。要对客户推销工作，事先掌握客户更全面的资料和情报，才知道从哪里入手效果更佳。

但是作为客户，他不会将自己的一切都写成材料，让你拜读。但只要你当好有心人，与他们接触，与他们交谈，总会找到有用的信息，主要做法是：

让客户多说在客户面前当一个好的听众，这已为今后的成功亮了绿灯。在热心的听众面前，对于自己过去的成功，演讲者总是津津乐道，从中将找到许多难得的秘密。工于心计的谈判高手，常用不到 2 分钟的时间介绍自己，而留下 20 分钟时间听对方讲。这样的时间比例不恰当，却很少有客户对这样的安排提出异议。

当客户在大谈成功的业绩、出色的管理、果断的决策获得丰厚利润时，利用这个良机，你应该不断完善自己的方案，并适当地提高一些价格，以确保自己在谈判中应有的优势。

巧妙地让客户回答你的疑问这是掌握客户情况的又一办法。生意上，从不会因为向客户提的问题太多而导致生意吹了；也没有见过哪位推销员像学生回答老师问题似的就做成了生意。要了解客户，就要想办法鼓励客户讲出你想知道的内容，但不能让他觉得你像一名警察，有追根问底之嫌。

当客户带你参观住房时，你应该随意些，可以从房间的陈设、桌上的装饰、柜子里的古董……引出话题，并给以恰到好处的赞美。

不时在"这张可爱小孩子的照片，是你孙子的吗？"等轻松的话题中插入你想知道的正题。只要心诚，在愉快和谐的谈话中，你会得到满意的答复。

认清假象很多的老板处理生意上的事常常是干净利落，从不拖泥带水。但有时也为是否上这个项目而犹豫不决，甚至考虑几年的时间。

我们对于来自无论何方的请求，在没有经过认真思考是否办得到就贸然应诺，是轻率而不负责任的。一旦答应就毫不犹豫地履行自己的诺言，这既是尊重自己，也是尊重他人。

但并非做任何决定，都能保证没有一点失误，而绝对地正确，每个人都一样，常常在情况不明之中做出错误的决策。容易使人产生错误而被误导的情形主要有以下几种：

了解情况有位经理从不以为与他打过交道的人都要记住自己的名字，每当第二次再见时，如发现对方已记不起自己时，总是主动上前自我介绍，以避免重提过去的事让人感到难堪。

类似情况时常在商务谈判中出现，有人因为见面的拘谨而不好意思将自己不清楚地问出来，就参加谈判，甚至不认真思考就匆忙决策，而没有仔细反省一下："这样妥当吗？"

真理不一定在多数人手中靠团体的意见来决策并不能保证完全正确。在讨论中，坐在会议室的人都讲同样的话并不是件好事。这里面必然有其他因素作怪。当老板讲完或同仁发言时，迫于老板的威严，或不愿与同仁争执而伤和气，不少人总是予以附和，讲出雷同或不痛不痒的意见。这往往会使会议主持者和决策人难以了解真实情况，靠此做决定自然会脱离实际。

这种从众随大流的思想不过是犯了多数人的想法不会错的认识上的错误。正确的做法是，认真听取大家意见后，经过论证和思考，等人都走后，自己再做决定。

不美妙的饰言迷惑有两个投资合作项目，一个成功的机会是80%，另一个有20%失败的可能，你选哪一个为上呢？实际上这两个项目成功与失败的机遇对等，只不过前者只提成功，后者强调了失败。但常理中，多数人总会选中前者，原因很简单，成功的字眼顺耳，使人亢奋。精明的销售员会用自己的口才去向顾客描述产品的优质，齐全的功能，以讲"好"来推销。但聪明的顾客将不会为这表面现象和技巧所诱惑，会以他多方的观察做出自己买与不买的决定。

不过分迷信经验许多商人总爱用老办法来处理新问题。实际上过去的辉煌已变为历史，不一定就适合当前已经变化了的世界，何况从来就没有常胜的将军。如果你仍按以前的框框来指导目前的生意，并期望从中找到共同之处，只会使你失去更多认识新事物，把握其特殊性的机会。

因此，正确的原则是：认真总结过去的经验，但这并不一定就是包治百病的灵丹妙药。

不忽略基础数字当主管的人都有这样的体会：与基层的职工交朋友，会使你得到更多在高级职员中听不到的信息。真正准确的报表应该是来自各个车间工段。有不少的经理，却往往忽视了报表的作用，对来自各方的信息和数字，只要与自己的主张对路，就认为业务上没问题了，而不愿多下些功夫去挖掘更深一层的情报资料。如，总经理问销售经理："这个月销售情况如何。"他回答："行情不错，已有 50 辆车被客户预订了。"如果掌握的信息更多，就会汇报说：这个销售量与上个月或与去年同期比情况怎样，与竞争对手比较又是如何；从 50 辆车的选型看，我们应采取哪种促销手段，才能卖出更大数量的车；哪种品牌、价格的车行情看好等等。这些情况，对于每一个承担推销任务的人来说，都应该经常掌握。

总之，巧妙地把皮球踢给对方，更容易掌握谈判全局，始终把握谈判的主动权，从而完满顺利地达到谈判目的。

中篇

二忌

见钱不见人

注重眼前利益，赚取每一分，还是注重长远利益，维护客户关系，这对商人尤其是小商人来说，是一个难以取舍的问题。当人们把目光转向那些成功的大商人时就会惊异地发现：他们的商业生涯刚起步时就选择了争夺客户。李嘉诚说："人去求生意比较难，要让生意来找你，你就容易做。"商人如果只是见钱不见人，又如何让生意来找你？

┃第四章┃
既要赚钱也要赚人

商人言利天经地义，但重利的同时也要打通"人心"这一关。争夺市场即争夺人心，必须跳出狭隘的利益打算，将人情和面子做足。低声下气去求生意，苦心计算每一点蝇头小利，实为难事。让生意主动找上门来，你就会发大财。

先做脸面后谈钱

> 成功的品牌，必须是独树一帜的，令人难忘的。它所代表的是一种让人赏心悦目的产品，它应当有健全和畅通的销售渠道。
>
> ——舒尔茨

把脸面做出来自有生意

做生意跟做人是一个道理，有脸面才有人买账，事情会比较顺利，成功机会比较多。但是，脸面是做起来的，需要形象与实力做基础，同时还要通过一定的方法将实力和最好的形象展示出来。

哈默是一个生意天才，他白手起家，20岁即成为百万富翁。那时他还是一个在校学生。他一生中最得意的经历是与苏联做成了总共200亿美元的生意，因而被誉为"跟俄国人建立贸易关系的典范"。

哈默做生意的一条经验是，先把场面做起来，让人产生不同凡响的感觉，然后生意自然兴隆。

有一次，大收藏家赫斯特为了应付债务，委托哈默出售几千万美元的艺术品。为了让这些艺术品与销售它们的环境恰如其分，哈默决定租用金伯尔公司的精品商店，而不是在自己的艺廊里出售。

为了让这次销售活动不同凡响，哈默进行了精心的组织策划。他挑选一批素质很高、形象气质甚佳的人做导购员，他们经历不同，语言各异，每个人至少有一个绝活。此举一下子将销售活动的档次提上来了。

哈默走遍纽约几乎每一家报馆，向编辑出示那些珍玩的照片，并讲述每一件珍玩的背景故事。这为编辑们提供了很好的新闻素材。结果，每一家报纸都对这次展销活动进行了不同形式的报道，为哈默做了一次免费广告。

哈默还散发了10万份印刷讲究的请帖。预展时，他请来好莱坞的布景师和照明专家，根据现场环境进行设计，使那些艺术品具有了奇妙的展示效果。预展时，来宾们身着晚礼服，系黑领结，一个个气派不凡。这一天，来宾和看热闹的人熙熙攘攘，挤满了街道。人们争相抢购展品，生意十分火爆。

哈默对这一效果尚不满足，为了给展销会增添色彩，他又出版了一本叫做《包罗万象的收藏家》的艺术月刊，介绍正在展销的珍玩。他甚至亲自执笔，用各种笔名写了许多有关这些展品的传奇文章。

最后，这次展销活动大获成功，可谓盛况空前。人们着了迷似的抢购那些艺术品，人们甚至怀疑哈默施展了什么魔法。而实际上，他的"魔法"是引人注目的气氛和令人信服的排场。

归根结底，做"脸面"要以实力为依托。一个实力太弱的人，连话也说不好，穿上一身名牌时装，也体现不出气派不凡的形象；一家实力太弱的公司，生产不出高品质的产品，请不起高素质的员工，即使花钱打广告，又有何益？作为商人，还是要把提升实力作为根本，勉强做脸面是不可取的。有一家酒厂，为了争夺"标王"的称号，一年花掉广告费近亿元，花在技术革新上的钱却不过区区数十万元，明显是"头重脚轻根底浅"。结果呢，脸面确实做出来了，由于实力跟不上，应付不了纷至沓来的订单，只好粗制滥造，以次充好，最后又把脸面丢尽了。总之，打肿脸充胖子，不是长远之道。

如果商人手中有高质量的商品，那就放手去做脸面，让更多的人认识你。

扩大自己声音的传播面

从某种意义上来说，商战就是一种声音战。过去的小商人，谁吆喝的声音最响亮、最有韵味，谁就生意兴隆。现在是传媒时代，传播声音的手段多种多样，谁的声音被更多消费者听见并留下深刻印象，谁的产品就畅销。大商人都是传播声音的高手，这是一门值得研究的学问。

微软公司在产品宣传方面有独到的功力，在他们的产品广告中，充满了创意的魅力。例如，微软的"超凡"软件上市时，精心策划了两套方案：一段对话，一个故事。

对话广告是这样的——

一段节奏鲜明有力、类似军乐旋律的乐曲，随之而来的是一个庄严的男中音："微软公司隆重推出'超凡'软件，每个得到它的人将变得威力无穷。"

另一个声音问："真的吗？"

"真的！'超凡'软件是个人电脑最杰出的电子表格软件。"

"哦……"

"漂亮的图形显示，高超的数据文字管理能力，简单方便的操作控制，妙用无穷。"

……

"'超凡'软件可以帮助用户战胜竞争对手吗？"

"当然，每个人都有这样的机会……"

这则广告以每天五次的频率，在各大城市电台的黄金时段播出，持续了一周。很快，全美国都知道了"超凡"软件。

故事广告是这样的——

在一家大公司的办公室里，一名主管问手下员工，原有的电子表格软件用起来有些麻烦，想换一下，不知哪种好？

一个员工立刻回答："买超凡！"

另一个员工也说："超凡很棒！"

主管拿不定主意。这时，下班时间到了，主管下班回家。两位员工偷偷把"超凡"安装在电脑上。

第二天，主管来上班，抱了一大摞材料要两位员工处理，没想到他们很快把活干完了。主管十分惊奇，问他们有什么妙法？两个员工齐声回答：“用‘超凡’！”

主管立即决定：“走！买‘超凡’。”

这则广告每周三次在黄金时段播出，连续播了三个月。由于故事编得幽默生动，给听众留下了很深的印象，一时间，“走！买超凡”成了电脑迷的口头禅。与此同时，“超凡”软件的销量直线上升。

在电视、报纸、网络等媒体上打广告，是制造声音的重要途径，但不是唯一途径。事实上，每一个成功的商人，都会用自己喜欢的方式传播独特的声音。比如，有的商人举办一个婚礼即耗资千万美元，铺张浪费并非其本意，目的是变相打广告，证明自己实力雄厚。

此外，声音传播的对象也不仅仅是消费者。因为产品与服务质量的关键因素毕竟是人，让员工和合作伙伴听到鼓舞人心的声音，也是非常有必要的。

以“美容小店”起步的安妮塔，很重视也很善于制造自己的声音。除了正常的广告外，她还组织员工编制了一本精美的《美容小店画册》，分发给每位员工及股东，并派送给一部分忠实顾客。

安妮塔说：“制作《美容小店画册》的目的，是希望尽可能用最简单的方式介绍美容小店——我们在做什么，以及我们的信念，使员工和投资者相信：他们才是美容小店的真正主人。”

为了利于顾客沟通和员工训练，安妮塔还亲自主持制作每月一期的录像带杂志——《沟通商店》。为此，“美容小店”还专门成立了一个影像制作公司。录像带配上多种语言，派送到世界各地的连锁店、工厂、办事处，员工、顾客都能看到。这对提高员工的荣誉感和提高“美容小店"在顾客心目中的形象都起到了很好的作用。

在制造声音时，"口碑"的力量不可忽视。自我宣传毕竟只是单方面的声音，给人一种自吹自擂、自卖自夸的感觉。让第三者主动替你宣传，甚至让消费者口口相传，影响力无疑更强。

大商人都特别重视"口碑"的价值。他们知道，自我宣传只能获得暂时的效果，"口碑"才是产品和服务持久的生命力所在。所谓"得民心者得天下"，在消费者中有一个好"口碑"，正是"得民心"的象征，它是一座价值无法估量的金矿。

某涂料厂老板为了向消费者证明自己的产品无毒，决定当众让狗饮下这种涂料。但是，他的计划受到"虐待动物"的指责。为了避免不利的舆论，老板取消了用狗试验的方案，自己当众喝下一大杯涂料。此事轰动一时，被新闻媒体连篇累牍地报道，等于做了一次免费广告。一时间，人们对这家公司重誉守信的作风、这种涂料的安全性都产生了深刻印象。订单如雪片般飞来，这家公司的生意好得出奇。

一般平庸的商人，缺乏艺术细胞，他们设法用金钱制造一些声音，却不管别人爱不爱听。事实上，让人讨厌的声音对促销商品有害无益，你必须制造"好听"的声音。

当商家"悦耳"的声音让每一名顾客难以忘怀时，自然也就培养和维系了属于自己的品牌消费者。

得更精明的时候，你却反其道而行之，达到自己的目的，这不能不说是一种智谋。

施小惠得大口碑

俗话说："舍不得孩子套不住狼"，做生意要想有大手笔，做大脸面，就必须先有大口碑。聪明的商人总是采用"先予后取"的方法，先吃点小亏后赚大便宜。这样做难的是在对世态人情的理解，对于那些对人性没有深刻认识的人来说，是不适用的。

岛村芳雄生于日本一个贫困的乡村。年轻时，他背井离乡来到东京谋生，在一家材料店当店员，每月薪金只有 1.8 万日元（当时约合人民币 180 元），还要养活母亲和三个弟妹，因此时常囊空如洗。

下班后，岛村芳雄唯一的乐趣是在街上走走，欣赏有钱人所穿的漂亮服装和其他值钱的东西，因为他当时也只能享受这种不用花钱的乐趣。

后来，为了扭转贫困的状况，岛村芳雄想自立门户创业，创业无疑是艰难的，资金问题就一直困扰着他。最后他决心硬着头皮向银行贷款。但是，有谁会愿意将钱贷给一个吃了上顿愁下顿的穷光蛋呢？结果，岛村拜访了多家银行，得到的只是嘲笑和白眼。但岛村并没有因此而气馁，他选定一家银行作为目标，一次又一次地提出贷款申请，希望人家大发善心。

苍天不负苦心人。前后经过 3 个月，到了第 101 次时，对方终于被他那百折不挠的精神所感动，答应贷给他 100 万日元。当亲朋好友知道他获得 100 万日元银行贷款时，也纷纷向他伸出了援助之手，最后，岛村芳雄总共获得了 200 万日元的借款。于是他辞去店员的工作，成立"丸芳商会"，开始了贩卖绳索的业务。

在借钱期间，岛村芳雄发现了一个秘密，要借钱的人肯定都是钱不够或不多的人，但这些人明明也没什么钱却能顺利地借到钱，原因是人缘好、口碑好，他认为一个人只要口碑好了，那借钱赚钱的机会就会随之而来，岛村芳雄是个执着的人，他终于想出了一个妙法，并希望这个妙法会给他带来日后的商机。

首先，他前往麻产地冈山找到麻绳厂商，以单价 0.5 日元的价钱大量买进 45 厘米长的麻绳，然后按原价卖给东京一带的纸袋加工厂。这样做，不但无利，反而损失了若干运费和业务费。但这并不是他缺乏经营头脑，而是他在运用欲擒故纵，由小而大之计。

亏本生意做了一年之后，"岛村芳雄的绳索确实便宜"的声名远播，订货单从各地像雪片一样纷纷飞来。

于是，岛村芳雄按部就班地采取下一步行动。他拿进货单据到订货客户处诉苦："到现在为止，我是一毛钱也没赚你们的。如果让我继续为你们这么服务的话，我便只有破产这条路可走了。"

客户被他的诚实做法深深感动，心甘情愿地把每条麻绳的订货价格提高为 0.55 日元。然后，他又到冈山找麻绳厂商商量："您卖给我一条绳索 0.5 日元，我一直照原价卖给别人的，因此才得到现在这么多的订单，如果这种无利而且赔本的生意继续做下去的话，我的公司只有关门倒闭了。"

冈山的麻绳生产商一看他开给客户的收据存根，也都大吃一惊，这样甘愿不赚钱做生意的人，他们生平还是头一次遇见，于是不假思索，一口答应将单价降到每条 0.45 日元。

这样，一条绳索可赚 0.10 日元，按当时他每天的交货量 1000 万条算，一天的利润就有 100 万日元，比他以前当店员时 5 年的薪金总和还要多。

两年过后，岛村芳雄已名满天下，成为国内外知名的大老板。

良心是商人的一杆秤

一时的损失，将来可以赚回来，但损失了信誉，就什么事情也不能做了。

——李嘉诚

凭良心做长久买卖

对于商人来说有一个选择，那就是凭利润做买卖还是凭良心做买卖。

这是一个商德的问题，一个成功的商人，必须具有良好的商业道德。一锤子买卖，实际上也是商业烂仔拳的一种，但还有一种"一锤子"买卖的做法，是想一脚上岸、一步到位，这个"商态"同样是不可取的。《庄子·列御寇》中有一个"纬萧得珠"的故事，说的正是第二种一锤子买卖的危害性。

古时候，在某地一条大河边，住着一户以经营草织品为生的商贩，他们每天把岸边人家用蒿草织成的草箱收购运到城里去卖，以此赚钱养家糊口，尽管做不大，但也能勉强维持一家老小的生计。有一天商贩的儿子纬萧在河里游泳，偶然从河底捞得一颗价值千金的龙珠。一家人十分高兴，纬萧对父亲说：你成年累月卖蒿箱，纵然是累断筋骨也只能是吃糠嚼菜，还不如到大河深处去捞龙珠，拿到市场去卖，必定发财！但商贩不同意儿子的意见，并对儿子讲了一通道理。做生意如同做其他事一样，不能只见树木不见森林，只看到暂时的利益而忽略潜在的危险。一分生意三分险，对每一种生意，我们既要考虑到赚钱的结果，也要考虑到赔钱的下场，即使在眼前效果十分诱人的情况下，也必须从坏处打算，掂量一下该不该冒这个风险。倘若觉得某一笔生意赚钱的可能性很大，而且一旦赔了，损失最多只占资金的一部分，那么，这样的风险可以冒一冒；反之，一旦失败全盘皆输的风险，则绝对不可冒，况且你所得到的那颗龙珠，长在大河深渊黑龙的嘴里，你之所以能够得到它，是黑龙在沉睡的时候，不小心从嘴里吐出来的。一旦再下河去捞珠，遇见黑龙正愁不见偷珠的对象时，必然把你连骨头带肉吞到肚子里去，不仅捞不到珍珠，还会把性命赔进去。

当然，这仅是一则寓言。在商战中，从来就没有"搏到尽头"的可能，聪明的商人也从来是看到有利的一面，也估计到不利的一面。作为商品，那更是充满变数。今天赚钱的东西，说不定明天就赔，今天热销的产品，说不定明天就会变成"死货"，这就要求一个成功的商人，要有见识、有胆量，敢于拿主意、定政策、担风险。但是，千万不能做那种脱离实际地砸锅生意。

过河拆桥的同时也断了自己的财路

"过河拆桥"这是商界最为常见，也是人人痛恨的做法。要说常见，是因为这里有利可图，无非是为了垄断某方面的利益，独吞某一笔钱财，再加上法制不健全，大鱼吃小鱼，所以虽然手段恶劣，但仍不断有人这样去做。要说人人痛恨，也是千真万确，因为这种见利忘义、认钱不认人的行径，违反了人之常情，令人很难接受。

但是，"过河拆桥"者在商场上未必能春风得意。因为"拆桥"原本的目的是不愿再让别人过河，但是同时自己也断了后路，拆了桥就很难再回去了。所以"拆桥"也是断自己后路之举。拆得太多了，自己也就没有后路了，一旦遇到什么挫折，连回旋的余地都没有，那么就必然会破产了。

所以，"过河拆桥"并不是生意场上的妙计，至少不是长久之计。拆了桥，你可能暂时得了利，但是你却付出了自己名声作为代价，为了挽回声誉，你又得花气力向人们解释，为自己辩护，结果得不偿失。

在商务交际中，还是要养成"过河不拆桥"的习惯。其实，诚实、知恩图报、利益共享在生意场上是相互联系的，人人都趋于利，但是人人都在选择人。因为这不仅是为了维护自己的利益不受侵害，也是为了使自己的发展更有保障。"过河拆桥"者为人们所不齿，所以结果总是搬起石头砸自己的脚。

过河不拆桥，还要过桥修桥，过桥立碑，这样生意才能越做越大。对众多成功者，人们只看到他们的生意到处扩展，而往往忽视了他们同时在到处架桥铺路。对于帮助过自己、曾经给自己架桥铺路的人，他们从来没有忘记回报。他们不断提到这些人的名字，给这些人树碑立传。正是因为他们"过河不拆桥"，而且还要修桥立碑，所以才在生意场上越走路越宽，越走路越多，处处有发展的机会和空间。

其实，做生意的最高境界就是"架桥铺路"，既然别人为你这样做了，你就更应该以此回报社会，最后形成一个大网络，使金钱和智慧能够到处流通，四通八达。

那种过河拆桥的行为只能把自己身边的一条条路断掉，最终使自己陷于孤立无援的境地。到了那种情况，商人的商界生涯也将结束了。

得罪一个人间接影响一百人

拥有良好人际关系的商人成就远比其他商人要高得多。成功的商人总是千方百计地避免得罪人，哪怕对方是无足轻重的小人物也不轻易开罪。

对人际关系的作用缺乏足够认识的人，即使因为自己的处理不当给别人造成了困扰或不必要的麻烦，也会出人意外地满不在乎。他们所持的想法是，即使和这位得罪的对象今后还有共事机会，也是一件无关紧要的事情，毕竟自己仍有其他工作机会。

不要随便在一声抱歉中搪塞什么人，因为由这一声抱歉而失去的，并非只是你所得罪的对象一人。由于无论任何性质的公司都是隶属某一业界的一分子，因此你必须考虑到被你得罪的对象，有可能在业界内大肆渲染。如此一来，你有可能同时失去 100 个人的信赖。

例如，当你向人委托某项工作后，却因为其他原因，在最后关头决定停止那项工作，并以一张传真告知对方，由于对方为了那项工作大费心思、调整自己的计划表以全力配合，接获通知自然感到不悦。对方肯定心想下回一定不再与此人合作共事。这并不是纯粹因为生气而产生的偏差，而是因为担心这种情形再度出现。

如果被得罪的人只是不想和对方再度合作，对于对方而言，可能构成不了重大损失。然而，如果此人在业界内传开此事，那样产生的影响就严重得多了，对方当然未考虑到此点，在时时意味着人际关系作用的人们看来，"本次的结果令人遗憾"，想以一张传真草率收场的做法，简直令人难以置信。

如果是考虑转行，不打算永远待在本行的人或许情有可原。然而，如果自己打算在眼前所在的行业里大展宏图，那么一个失误即有可能扼杀你在那个业界里的生机。而且，就算你正在考虑进军别的行业，也不能如此草率行事。这也和基本生活方式的问题密切相关，向来习惯以一句抱歉草率收拾残局的人，无论在哪个行业里都无法待久。

当失误真的无法避免时，做好失误发生后的补救工作就显得尤为重要。在行业内流动的并不只有负面评语，良好的口碑也同样会口口相传流散出去。只要切实做好失误的补救，你认真处理善后的评语也会不断传播出去。

长久生意赚得多

今天满意而归的顾客，明天一定会带着另一个顾客光临。

——和田良平

不要想一口就吃成胖子

一个可爱的小孩看着放在桌子上的瓶子里五颜六色的糖果，口水都要流下来了。旁边一位慈祥的老人笑着说："你要是喜欢，可以随便吃，不要客气！"

小孩子伸出小手，抓了满满的一大把，但是瓶口太细，被糖果鼓胀着的小手被瓶口卡住了。他仍然不甘心地转动着手臂，但是他的手实在是太大了，因为他舍不得放弃手中的糖果。小孩子痛得哇哇叫，大哭起来，老人语重心长地说："孩子，只要你少拿一点，你的手就能出来了，你可以多拿几次，一次少拿一点不就行了吗？"

如果把糖果换成金钱、权势、美色，想必商人们也会像小孩子一样难以抗拒甜蜜的诱惑吧。人往往会因为贪婪和欲望的膨胀而变得愚蠢。

很多生意人就是这样，"心比天高，命比纸薄"，瞪着贪婪的眼睛，纠缠在利益上，到头来却什么都得不到，因为他总想着一次就能大捞一把。出于这个目的，他会把投资做得很大，把摊子铺得很宽，还会在时机尚未成熟的时候扩大规模，而这一切无非就是想把网撒开捕捞大鱼，希望一夜就能赚足一生享用不尽的财富。这种近乎急功近利的心态和想"一口就吃胖"的贪婪往往让人失去更多，而不是得到更多。

做生意一次不要贪多，要懂得知足。比如，你是一个跑业务、做推销、搞发行的生意人，也许你的产品和服务确实很好，而且你也有出色的说服技巧，客户已经有合作的倾向了，但是出于自身实际情况的考虑，他需要的数量有限，一次性能带给你的利润也有限。如果你还是不满足，继续游说，希望能做成更大的买卖，一旦你在言谈中流露出的贪婪引起了对方的反感，他就有可能打消和你合作的念头，更糟糕的是，你从此将永远地失去了这个客户。

做生意就是这样，存有贪婪之心，或者急功近利，或者好高骛远的人都不能取得预想的目标。首先，有这种想法就说明这个生意人缺乏长远的打算；其次，这种人对自己的实力认识不清；再次，合作伙伴会因为他的贪婪而取消合作计划，没有人会喜欢和一个只想独吞利益的人做生意。一旦你忘记了"有钱大家一起赚"的信条，你的生意就陷入了孤立无援的境地，最可能的结果就像故事中的小孩一样——攫取利益的手受到种种限制。

如果你因为贪婪而失败，你不必埋怨别人对你的坑蒙拐骗，因为那就证明你具备了吸引骗子和谎言的亲和力。要避免这样的尴尬，首先就要放弃"一口就要吃胖"的想法，因为正当的利益追求并不是"肥身而不养心"。金钱和财富可以让你生活得更好，够用就行，而身心健康却是人最本质的东西，为什么要为了那些身外之物而牺牲自身的安宁和人格的高贵呢？

何况，赚取长久利润的总和远大于一时的贪心所得，真正追求财富的商人自然选择获取财富较多的那条路。所以，商人要切记不要想一口吃成胖子。

在大利润前保持理智

对于商人来说，拥有大额的订单并凭此谋取高额的利润是无与伦比的好事。因此，他们往往扩大自身规模来适应订单的要求，大利润也随之而来。但这种大额利润真的有助于商人的生意吗？盛田昭夫告诉了商人们大利润前的另一种选择。

1956 年 2 月，日本索尼公司的副总裁盛田昭夫又踏上美利坚的土地。这是他第 100 次横跨太平洋，寻找产品的销路。

纽约的初春，寒风刺骨，细雨夹着朵朵雪花，大街上的行人十分稀少。

身材矮小的盛田昭夫带着小型的晶体管收音机，顶着凛冽的寒风，穿街走巷，登门拜访那些可能与索尼公司合作的零售商。

然而，当那些零售商们见到这小小的收音机时，既感到十分有趣，又感到迷惘不解。他们说："你们为什么要生产这种小玩意儿？我们美国人的住房特点是房子大、房间多，他们需要的是造型美、音响好，可以做房间摆设的大收音机。这小玩意儿恐怕不会有多少人想要的。"

盛田并不因此气馁，他坚信这种耗费了无数心血而研究制成的小型晶体管收音机，一定会让美国人接受。

事情总是这样，多余的解释往往不如试用中发现的道理。小巧玲珑，携带方便，选台自由，不打扰人，正是小型晶体管收音机的优点。很快地这种"小宝贝"就为美国人所接受。

小型晶体管收音机的销路迅速地打开了。

有一家叫宝路华的公司表示乐意经销，一下子就订了 10 万台，但附有一个条件，就是把索尼更换为宝路华牌子。盛田昭夫拒绝了这桩大生意，他认为决不能因有大钱可赚而埋没索尼的牌子。

宝路华的经理对此大惑不解："没有听过你们的名字，而我们公司是 50 年的著名牌号，为什么不借用我们的优势？"

盛田昭夫理直气壮地告诉他："50 年前，你们的名字一定和今天的我们一样名不见经传。我向你保证，50 年后我的公司一定会像你们公司今天一样著名！"

不久，盛田昭夫又遇上了一位经销商，这个拥有 151 个联号商店的买主说，他非常喜欢这个晶体管收音机，他让盛田给他一份数量从 5 千、1 万、3 万、5 万到 10 万台收音机的报价单。

这是一桩多么诱人的买卖啊！盛田昭夫不由地心花怒放，他告诉对方，请允许给一天的时间考虑。

回到旅馆后，盛田昭夫刚才的兴奋逐渐被谨慎的思考取代了，他开始感到事情并非这么简单。

一般说来，订单数额越大当然就越有钱可赚，所以价格就要依次下降。可是眼前索尼公司的月生产能力只有 1000 台，10 万台订单的任务靠现有的老设备来完成，难于上青天！这样就非得新建厂房，扩充设备，雇用和培训更多的工人不可，这意味着要进行大量的投资，也是一笔危险的赌注。因为万一来年得不到同样数额的订货，这引进的设备就会闲置，还要解雇大量的人员，将会使公司陷入困境，甚至可能破产。夜深了，盛田昭夫仍在继续苦思良策，他反复设想着接受这笔订货可能产生的后果，测算着价格和订货量之间的关系。他要在天亮之前想出一个既不失去这桩生意，又不使公司冒险的两全其美的妙计。

他在纸上不停地计算着，比画着，忽然他随手画出一条"U"字形曲线。望着这条曲线，他的脑海里如闪电般出现了灵感——

如果以 5000 台的订货量作为起点，那么 1 万台将在曲线最低点，此时价格随着曲线的下滑而降低，过最低点，也就是超过 1 万台，价格将顺着曲线的上升而回升。5 万台的单价超过 5 千台的单价，10 万台那就不用说了，差价显然就更大了。

按照这个规律，他飞快地拟出一份报价单。

第二天，盛田昭夫早早地来到那家经销公司，将报价单交给了经销商，并笑着说："我们公司的做法与众不同，我们的价格先是随订数而降低，然后它又随订数而上涨。就是说，给你们的优惠折扣，1 万台内订数越高，折扣越大，超过 1 万台，折扣将随着数量的增加而越来越少。"

经销商看着手中的报价单，听着他怪异的言论，眨巴着眼。他感到莫名其妙，他觉得似乎被这位日本人所玩弄，他竭力控制住自己的感情说："盛田先生，我做了快 30 年的经销商，从没有见过像你这样的人，我买的数量越大，价格越高。这太不合理了。"盛田昭夫耐心地向客商解释他制定这份报价单的理由，客商听着、听着，终于明白了。

他会心地笑了笑，很快地和盛田昭夫签署了一份 1 万台小型晶体管收音机的订购合同。这个数字对双方来说，无疑都是最合适的。

就这样，盛田昭夫用一条妙计就使索尼公司摆脱了一场危险的赌博。

时至今日，盛田昭夫的愿望得以实现，索尼成为妇孺皆知的品牌。盛田昭夫的坚持不懈、审时度势都在这个故事中得到很好的体现。如果盛田昭夫当时头脑一热，答应了宝路华经理的贴牌要求，那么今天恐怕就没有索尼了，如果他在大订单前不保持理智，那么索尼也会在不堪重荷之下倒闭了。所以，我们不得不尊重盛田昭夫的睿智。

差距在信誉中产生

中国商人和西方商人一样，都要赚钱。然而，君子爱财，取之有道。良好的信誉是至关重要的。今天很多的中国商人还做着一夜暴富的美梦，根本没有建立良好信誉的耐心和教养，只知道快刀宰人，六亲不认。

报载，中国某城市一家大型商场，因营业员疏忽，将一件1727元的大衣误标成727元。大衣售出后，营业员发现自己的失误，他想方设法，居然找到了购买大衣的顾客，并要追回大衣或补回货款，但遭到顾客拒绝。

据说，该营业员已经向律师提出咨询，并且得到律师的支持。看来，这次失误，很可能会演变成一场小小的官司了。打官司嘛，难免就要撕破脸皮，不论输赢，那位顾客的亲友们以及他的同事们对那家商场就要心存疑虑了。

无独有偶，类似的事情在美国也发生过。

一位在美国深造的中国女士去乐器店挑选钢琴，最终选中了一架她认为物美价廉的。她将营业员叫到身边，将自己的选择告诉了他。营业员一看钢琴上的售价标签愣住了，他向这位中国女士道歉，请她稍等，他要去向经理请示一下。一会儿，经理从店堂后快步走出来，老远便向这位女士伸出手，笑着说，祝贺您！您花最少的钱买了一架最好的钢琴！

原来也是出于疏忽，售价标签上少标了一个"0"，但店主与顾客的交易就这样轻松地完成了。

从一个小小的场面管中窥豹，也可以看出一些西方商人的气度。

在雅典，两个中国人走进一家专门经营旅游纪念品的商店。商店营业面积不小，但商品的陈列非常粗放，店里没有一只玻璃货柜，铜雕银器、彩瓶挂盘、仿古大理石雕像被随意地摆在一张张木台子上。

那里的商店经常都是冷冷清清的，不像中国的商店，总是摩肩接踵，拥挤不堪。可就是这么巧，两位妇女在就要走出店门时，其中的一个大概仍然留恋某件商品吧，转身要再看一眼——就在她转身之际，她腰间的挎包将门口木台子上的一个五彩瓷瓶刮到了地上，当然摔个粉碎。

若在中国商店里出现这个场面，毫无疑问，店主要坚持索赔，顾客据理力争，指责店主商品摆的不是地方。

但这次不是。

正当那位妇女有些不知所措的时候，店主已经走到她面前，说："对不起，没有吓着您吧。"

妇女连声道歉，问他："要我赔吗？"

店主说："您告诉了我，应该把东西摆在恰当的地方。请吧，欢迎您再来！"

最后的结局是这样的：那位妇女买走了一个古希腊的铜像。她的朋友大概也觉得这位店主可以信赖，买走了两个彩色挂盘。

| 第五章 |
不吃独食利益共享

在这个市场变幻莫测的竞争时代，合作成为商界的主旋律。独食只能吃一口，共享则带来更多的合作机会。只顾吃独食不懂合作的商人在大浪淘沙下是没有明天的，而利益共享则是会合作的标志。

让生意主动来找你

人去求生意比较难。要让生意来找你，你就容易做。

——李嘉诚

让生意来找你

面对顾客，在靠服务赚钱还是为赚钱才提供服务的问题上，成功的商人选择前者，首先提供周到的服务，把事情办好。

一个商人，如果需要天天找生意做，说明还做得很不顺利；天天有生意主动来找你时，你就做得很成功了。

如何让生意主动找上门呢？除了讲信用和讲感情的名声之外，没有其他的诀窍。所以，明智的商人，宁可少赚钱，也要先把名声做出来。

巴黎亲王公园足球场是一项特大工程，它坐落在一条地铁上面，整座足球场的数百根构架支柱不仅长短不同，而且曲率各异，要求十分精确，因此建造预制件的模具就特别复杂，而且耗资巨大。当初举行招标时，那些大建筑商都觉得这项工程难度太大，有很大风险，而且赢利水平不理想，都望而却步。最后中标的居然是默默无名的法国布维格建筑公司。

这家公司的老板布维格认为，正因为这项工程难度极大，才应该不顾一切将它抢到手，以显示本公司的实力。至于能赚多少钱，暂时可以不用考虑。为了做出信用，布维格决定不惜工本，一定要漂漂亮亮拿下这项工程。

尽管事前做了精密计划，但由于技术难度太大，在施工过程中，仍然发生了意外事件，巨大的构架严重移位，随时有坍塌的危险，以致附近的居民区和一所小学不得不撤离。在此危急关头，布维格冒着生命危险，亲临现场指挥。他爬到构架顶部，用步话机指挥工人操作。经过数小时紧张而惊险的奋斗，移位终于被制止了。最终，整个工程顺利完成。

这项工程使布维格建筑公司名声大振，自此，那些大型工程合同一批批找上门来，布维格再也不用为一些整修旧厂房之类的小生意而向业主低三下四了。两年后，布维格公司发展成一个拥有十几家分公司的建筑集团，成为法国最有竞争力的公司之一。它还在国外承接了伊朗首都德黑兰的奥运会体育馆等许多著名工程。

做生意不要怕做傻事。商人太精明，赚钱会很费力。因为每一个顾客都很精明，双方互相比赛智力时，每赚一分钱都要劳心劳力，这就很难做大了。相反，商人做一点"傻事"，多给顾客一点甜头，让顾客开开心心来交易，生意就会做得很顺利。

《道德经》说："将欲取之，必先予之。"这种方法用到生意上，也很有效。因为世界上任何事情都像是一种交易，有付出必有收获，有收获必有付出，"一手交钱，一手交货"。只不过有时也会发生"失之东隅，收之桑榆"的意外事情。而且，先交钱还是先交货，也有一定讲究。作为商人，本是做交易的，在交易观念不够强的顾客面前，当然应该先予后取。如果你这样做，生意自然会找上门来。

把生意做到让顾客主动找上门，也许并不难，有时一个虚假广告就能达到目的。难的是让顾客经常主动找你做生意，这就需要你维持一贯的诚信作风。这世上"客大欺店，店大欺客"的事，似乎是一种正常现象，但是，真正的大商人，当他的名气做出来了，店大到可以欺客的时候，他仍然能诚心诚意地尊重每一位顾客。所以生意总是源源不断地来找他，使他的生意长盛不衰。

以双赢来壮大自己的客户

所谓双赢，其实是为客户提供服务时自己又保有合理的利润空间。保持双赢可以让客户在有生意时优先考虑与你合作，从而带来更多的机会。

美国通用塑料公司是一家塑料材料的环球供应商和分销商，其服务涉及航空、器材、汽车、建筑、资料存储、光学、电子与电力设备、计算机及外围设备、包装等行业。就是这样一家以销售消耗性材料为主的公司，却派遣技术支持小组到客户的工厂去教授如何减少消耗品的消耗。这不是自挖墙脚了吗？可是实施此销售法仅仅一年，通用塑料公司就为客户们节约了近6800万美元，同时也为自己增加了11%的收益。

在市场营销中有一个所谓的"1∶5法则"，即争取一个新客户所消耗的成本是保持一个现有客户的5倍。在市场竞争日趋激烈的情况下，企业只有与客户建立起较为稳固的关系，才能保住市场份额。通用塑料公司的成功在于愿意帮助客户解决存在的难题，创造出与顾客互动的诚信合作关系，协助客户成就竞争优势，留住客户的心，创造双赢的局面。

俗话说"针无两头尖，蔗无两头甜"，凡事有利有弊，愚者取其弊，智者抓其利，成功者会化弊为利。要留住顾客，双赢就是一个成功的选择。然而，现实中有些企业为了把产品卖出去，对顾客许下种种承诺，如终生保养、无条件退换货、给予礼品赠品等，令顾客充满很高的期望。岂知顾客期望越高，一旦不能兑现时其失望也会越大，当顾客对你失去信任之时，就是你失去顾客之际。

唐代诗人白居易有诗云"商人重利轻别离"，不论商人是否轻别离，精明的商人重利却是事实。作为一个商人，要善用精明，不唯小利唯大利，寓精明于"笨拙"之中，舍小利以求大利，这才是成功之道。营销学大师菲利普·科特勒在其《营销管理》一书中写道："精明的营销者都会试图同顾客、分销商和供应商建立长期的、信任的和互利的关系，而这些关系是靠不断承诺和给予对方高质量的产品、优良的服务和公平的价格来实现的，也是靠双方组织成员之间加强经济的、技术的和社会的联系来实现的。双方也会在互相帮助中更加信任、了解和关心。"在现代营销中，舍小利以求大利，重视建立和巩固与顾客互动的诚信合作关系，显得尤为重要。

双赢营销是大工业化和信息时代较为实用的一种营销模式，事实上，每个企业都不可能拥有全部的资源优势，要求大利必须舍小利，着眼于长线经营，与客户真诚合作，取长补短，互惠互利，携手并进，在壮大客户的同时，自己也可从中获得源源不断的收益。

凭人情味打动客户

在激烈的市场角逐中，人们一般比较注重产品的质量，以优质的产品占领和扩大市场，力争获得更多的利润。而对于经营过程中感情的投资则注意不够。其实市场活动同样是发生在人与人之间的，所以感情的因素也能使生意主动来找你。

浙江嵊州市工艺竹编厂厂长王银飞在经营中，除了狠抓产品质量、信守合同、重视信誉外，还舍得在感情上投资，使得该厂在强手如林、竞争激烈的竹编行业里兴旺发达，立于不败之地，被人称誉为既有真本事、又有人情味的女企业家。

有一次，一位日本包销商来到嵊州市竹编厂，王银飞在百忙中，专门抽出时间陪他们聊天、参观，请他们看样品、提意见，并耐心详细地解答了日商提出的各种问题，使日商对王银飞产生了一种信任感。王银飞觉得只让日商了解产品还不够，还应该让他进一步了解职工们的精神风貌，于是决定举行一次全厂职工的文艺晚会，特邀日商参加。本来，日商已决定这天去邻县竹编厂，可是，当王银飞把举办联欢会的安排同客人一说，日商盛情难却，便满口答应下来。邻县的竹编厂见日商到来，也是盛情接待, 并百般挽留, 但客商还是于当天赶回了嵊州市竹编厂, 兴高采烈地参加联欢晚会, 宾主载歌载舞, 感情十分融洽。王银飞和全厂职工的热情, 给客商留下十分难忘的印象。日本客商回国后, 即使躺在病床上仍然想着嵊州市竹编厂。1986 年, 他在刚刚动过胃切除手术不久就来到了嵊州市竹编厂, 一次就包销了 200 多万元的竹编产品。

王银飞不仅对外商满腔热情, 对国内客户也怀着真挚的感情。1984 年的一天, 一位哈尔滨的客户来到嵊州市竹编厂, 打算请他们专门生产一种酒瓶套。王银飞热情接待了他, 向他介绍本厂的产品, 并应客人的要求, 让创作组连夜赶制了 4 个样品, 供客人选择。样品出来后, 客户非常高兴, 立即选定了其中的两种, 当场要 20 万只。可是第二天, 客人又变卦了, 提出只要 6 万只, 他自知理亏, 十分抱歉地向王银飞说明了原委。王银飞不但没有责怪他, 反而称赞他想得周到、细致, 并帮他算了笔经济账, 告诉他如何加快资金周转。这种将心比心、真诚待人的态度, 使客户非常感动, 并诚恳地表示: "以后我厂若要竹编产品, 就一定来嵊州市竹编厂订购。"果然, 没过多久, 他又订了 10 万件竹编酒瓶套, 还特地从哈尔滨赶来参加了用户座谈会, 赞扬王银飞的工作和为人。

至于对内, 王银飞对本厂职工更是关心备至。虽然她工作很忙, 却常常到生产第一线了解生产和职工生活情况, 遇到生产任务重, 质量要求高的情况, 她就带领科室人员顶岗干, 保质保量地完成任务, 深受职工的称赞。由于她关心、体贴职工, 大大调动了职工们的积极性。全厂上下一条心, 产品质量精益求精, 很快走到了同行的前列。1984 年受到轻工业部的表彰, 1986 年出口额达 400 万元, 产品远销日本、美国、意大利、新加坡和香港等 80 多个国家和地区。

"人情味"里能念出生意经，而且在今天，这本生意经对于商人来说变得越来越重要了。

把蛋糕做大再切

着眼于低工资，公司是繁荣不起来的。

——士光敏夫

用人应舍得花钱

精打细算是商人的天性，但在用人方面却不宜太精明。用人应舍得花钱，舍得投入才会有相应回报。有的商人把花在员工身上的钱看做成本，尽可能要求少花钱多办事，"又要马儿跑得好，又要马儿少吃草"，这样是行不通的。

大商人把花在员工身上的钱看做投资，他们知道，老板的收益与员工的收益成正比，绝不是员工拿多了老板就赚少了。员工的心思，都是"拿一分钱干一份活"，他们的业绩与他们的收益是成正比的。员工没有业绩，老板又何来利润。

微软公司创立之初，盖茨认识到，自己的公司既无知名度，环境也不够好，唯有用高薪来争夺优秀人才。所以，他给雇员定的工资标准比其他同行公司都高。这使它能够从容选择各种需要的人才。

后来，由于行业间相互攀比，微软的工资水准反而较同行业低。但微软却另有吸引人才的强手：分配股权。公司给干满一年的正式职员一定的股票买卖特权。微软职员购买股份时还可享受15％的优惠。高级专业人员如软件开发员、项目经理、市场营销员以及编程员等，还可享受更大幅度的优惠。因此，微软职员的主要经济收入并非薪水，而是股票收益。

比尔·盖茨说："雇员拥有股票，这也是我们借以维系集体团结的一个办法。"

为了让每一位职员产生满意感，微软公司还对员工采取了"慷慨赠予"的方式，比如，公司每年给每位雇员的非指令性福利开支达8000美元，另外还给予每位雇员700多美元的餐饮补助。在微软，任何含有咖啡因的饮料都免费。

所以，微软员工的固定薪水虽然并非行业第一，实际收益仍是最高的。

外界无法确知微软每位职员股票收益的精确数字。不过，有人做了一项调查：1989年加盟微软公司的那批人里，有2200余名软件开发员在短短两年时间里变成了百万富翁。由此推测，那些工作时间长的人所赚的钱更是惊人。

如今，在微软公司，每天有几千名百万富翁、千万富翁乃至亿万富翁，在各自的办公室里埋头苦干，这在全世界是绝无仅有的。比尔·盖茨并没有因为雇员的高额收入变成穷光蛋，相反，在最近20年，他基本上霸占了"世界首富"宝座。

商人在督促员工劳动方面，也不宜太小家子气。有的人就像地主请长工似的，天天盯着员工的一举一动，生怕他们偷懒，浪费宝贵的光阴，让自己白花薪水。其实，只要公司的报酬制度与用人制度合理，员工自然会努力上进，用不着强迫他们劳动。所以，大商人都会在制度方面下功夫，而不是把心力花在如何监督员工上面。

美国通用电气公司旗下的日本左光兴产公司，推行具有东方文化特色的"无章管理"。其要点包括：不设打卡机，不开除员工，不规定员工退休年限等。

不开除员工，是因为公司将员工当家人看待。该公司社长说："当员工进入左光公司后，每个人就如同我的子女一样，我希望凡事都以父亲的心情、兄弟的心情来处理，来解决。一个家庭绝没有因家道败落而赶家人出门的道理。"

不设打卡机，体现了公司对员工的高度信任。从打卡机上看不到经营者与员工之间的情感与信赖，员工的表现主要靠他们的自重自爱。尽管不设打卡机，左光公司迟到早退的现象几乎没有。每天上班前30分钟，员工便已开始工作；下班后，也常常有人自愿留下加班。

不规定退休年限，意思是，只要本人愿意，身体条件许可，可一直工作到死。这样，员工对未来生活无后顾之忧，工作更加卖力。

自实行"无章管理"后，该公司年销售额在通用电气公司海外各子公司中遥遥领先，可见这种大度的管理模式具有很强的生命力。

商人的大度，还体现在对员工人品的信赖上。你越是不相信员工，他们可能越是自暴自弃，变得让你无法相信。

大商人都相信员工的敬业精神和自我约束能力，他们不会疑神疑鬼，把员工看成一有机会就制造麻烦的人。这种信任对员工来说是一种积极暗示，员工将因此变得越来越值得信赖。

美国惠普公司是全球 500 家最大的工业公司之一，迄今已有 60 多年历史。

惠普公司的工作方式极为特殊：公司没有时刻表，不进行考勤。可以从早上 6 点、7 点或 8 点开始上班，只要完成 8 小时工作即可。这是为了让员工能按个人生活的需要调整工作时间，也表明了公司对员工的高度信任。

惠普的创始人比尔·休利特说："惠普的这些政策和措施都是来自一种信念，就是相信惠普员工都想把工作干好，有所创造。只要给他们提供适当的环境，他们就能做得更好。"

休利特是一个人格高尚而且精通人情世故的人，他完全清楚信任员工的好处，也敢于相信员工。有一次，他到一家分厂视察，看到实验室材料库的门上了锁，马上拿来一柄螺栓切割剪，把锁剪断，并留下一张字条："请勿再锁此门。谢谢，比尔。"从这以后，材料库不锁门就成了惠普公司的传统。工程师们不但可以在工作中随意取用零件，还可拿回家里供个人使用。休利特认为，不管工程师们拿这些零件用于何种用途，总能从中学到一些东西。

休利特还特别强调对员工人格的尊重，反对等级差别。有一次，惠普有意购买一家工厂。该工厂有华丽的主管套房，办公室和实验室都装有空调系统，但生产部门却没有冷气。休利特当即打消了购买的念头。原因很简单：当时惠普还没有条件全部安装空调系统。把冷气装在办公室而不是装在工作场所，对休利特来说是不可思议的。

尊重和信任无疑是人际关系的融合剂。在整个惠普公司，洋溢着友善、随和而轻松的气氛；而且这种和谐的气氛已维持了几十年，实在难能可贵。一家人气如此旺的公司，怪不得它能取得那么辉煌的业绩。

明主门下出忠臣，昏君朝中有乱臣。通常来说，如果商人是值得员工信赖的，那么员工也是值得信赖的。反之亦然。所以，真正的大商人必有令人信赖的品格，也只有他们能培养出值得信赖的员工。

投资解决员工的后顾之忧

在赛场上，一支想赢怕输的球队赢不了球；在战场上，一支担心家人生活没有着落的队伍打不了胜仗；在商场上，一支疑虑重重的团队赚不了大钱。解决下属的后顾之忧，是每一位商人都需要重点考虑的问题。

在现代社会，生存压力极大。商人要为企业的生存背上很大的心理负担，员工也不得不考虑现在与未来的人身与经济安全问题。如果劳资双方从各自的利益出发，争夺生存条件，那么双方可能由合作走向对立，公司也因内讧而遭削弱，被竞争对手吃掉。这样，大家的生存安全都没有保障。

明智的大商人都知道，"攘外必先安内"，只有先解决员工的后顾之忧，让他们将心力完全放到工作上，企业的生存才有保障。

日本京都制陶公司创始人稻盛和夫特别强调劳资双方有福同享、有难同当，无论企业遇到多大的困难，他也不用裁员来解决。

有一年，石油危机席卷全球，京都制陶遭到重创，当年纯利下降11.31亿日元。面对如此危局，稻盛当众宣布，即使只靠苔藓生存下去，也决不停工，决不裁员。

由于订单急剧减少，公司出现大批富余人员。稻盛将这些人组织起来，让他们在厂区外做一些拔草、刷油漆之类的工作，并趁此时机培训他们的工作技能。

这些人每天在闲得无聊中打发日子，对工作的意义产生了深刻认识，求战之心特别急切。后来公司恢复正常生产，他们重新走上岗位后，工作热情远远胜过从前。

惠普公司也有一条解决员工后顾之忧的用人政策：给你提供永久的工作，只要表现良好，公司就永远雇用你。

有一次，惠普公司曾有机会获得一项军方合同。但是，要履行合同，需要招聘 12 名新员工。公司高层问下属经理："合约结束后，我们有没有机会安排他们？"下属经理说："没有。"这意味着合约完成后不得不裁撤这 12 名员工。于是，惠普公司断然放弃了这一合同。

除用人政策外，惠普公司还有许多解决员工后顾之忧的政策，比如，它的薪金与福利较绝大多数公司优厚，即使没有经验的生产工人，每月也能拿到 1000 美元以上。惠普每年还将税前利润的 12% 拿出来奖给员工。员工的医药费及牙齿保健费用完全由公司负担。如果员工愿意，还可以拿出 10% 的薪水，用以购买惠普股票……据一项调查结果显示：惠普员工普遍都很乐观，有归属感和幸福感，而且他们竭心尽力为公司服务的精神更是令人赞叹。

员工对未来的担忧，有时来自心理需求的不满足感。比如，这家公司环境糟糕、名声也不好，员工在亲友面前会觉得很没面子，必然抱着干一天算一天的想法，一有机会就跳槽。所以，商人要尽量改善内部环境，给员工挣点面子。这对维系他们的忠心是极有益的。

微软公司认为：心情愉快的员工比心情沮丧的员工效率高得多。它的工作环境绝对是第一流的。在西雅图雷特蒙德区的微软园区，优美而静谧，精心修剪过的草坪一直延伸到树林所不及的地方，充满田园牧歌式的情调。

这里最早兴建的四座大楼都设计成 X 形，这使建筑物的周界线延长了许多，阳光就可以直射更多的办公室，有利于工作人员的身体健康；同时，也有利于员工们在工作疲劳后临窗看景，小憩一会儿。

每一位程序员都拥有一间完全独立的办公室，即使新来第一天的人也不例外。这无疑会增加成本。但比尔·盖茨认为，这是值得的，而且真正优秀的员工不需要在监督下工作。

为了让员工感到轻松随便，盖茨允许每个人在自己的房间里任意布置。只要他乐意，甚至可以把电脑摆在地板上。

为了便于员工交往和休息，园区内配备了各种娱乐设施，如咖啡馆、运动场、图书室等。众多的咖啡馆就像磁铁一般把职员们吸引过去，一同聚饮畅谈。咖啡馆还折价向职员提供各类丰富的食品。

在这样的环境里工作，员工的满意程度是可想而知的。

台塑的王永庆也是一个极重视公司环境建设的企业家。他认为工作与生活环境的好坏，直接影响员工的心情和工作效率。如果在生活方面尽量解决员工的后顾之忧，他们就会将更多的心思用到工作中去。因此，王永庆总是尽量改善企业的工作环境，对员工的衣、食、住、行也尽可能设想周到。

以台塑集团下属的台化公司彰化厂区的"美化庄园"为例，即可知台塑对环境的重视程度。

台化公司以女工为主，"美化庄园"主要根据女工的生活与兴趣特点而建。它占地共 70 多亩，建筑面积 2 万多平方米，草坪花园面积近 3 万平方米。房间宽敞亮爽，设备完善，所有宿舍装上中央系统的冷气设备，当气温超过摄氏 28 度时，冷气便自动开放。

庄园内有不少供员工休息观赏的庭园，其布置中西合璧，既有古典风味的凉亭、假山、鱼池、小桥拱门、兰花圃、喷水池，也有西洋风味的水族馆、太阳伞、花架、摇椅等等。庄园还有设施完备的篮球场、羽毛球场、网球场、排球场、乒乓球室。

庄园内还兴建了近 900 平方米、可容纳数千人同时就餐的现代化大餐厅。每日三餐，均采用自助餐方式。正餐二荤一素，营养均衡。对上晚班的员工，每到凌晨三时左右，公司还会派专人将夜宵送达现场。

庄园内还设有"辅导中心"，不仅随时为员工解决工作、生活、感情上的问题，还经常举办"恳亲会"，与员工家属座谈。为此，庄园内设有会客室与会客客房，供家属居住。由于这里多是年轻女工，正在怀春年龄，为此特设"张老师信箱"，专门咨询与解决女工遇到的感情问题。

美丽的"庄园"反映了台塑人性化管理的一个侧面。当员工被关照到如此程度时，他们对公司的忠诚度可想而知。任何公司，只要拥有一支忠诚的员工队伍，发展壮大指日可待。

呵护员工的心情，关乎整个团队的士气。很多商人明白这一点，但在具体运作的过程中却不知如何下手。有两句古诗说得好："世事洞明皆学问，人情练达即文章。"要把这门学问做好，也非易事，需处处留心，方知世故人情。

有一年，三洋电机公司新建了一家大工厂。为迎接新员工的到来，决定举行一次隆重的迎新仪式。为此，总经理井植薰大清早即赶到工厂，检查各项准备工作。

他巡视到员工浴室时，拧开水龙头，发现水管内流出的水十分浑浊，就问负责宿舍施工的工程师是怎么回事。

工程师解释说：水管中不经常通水，管子就会生锈，这是很正常的事，打开龙头把锈水放掉就行了。

井植薰批评道："既然你知道，为什么不早一点放水？你想到过这个问题没有？"

他当即让人去打开浴室里所有的水龙头，放掉浊水，还吩咐这位工程师说："锅炉里的热水可能也有铁锈，你马上让司炉工把水全部放掉，等水清了再重新烧！"

等他们把水都放完后，井植薰又谆谆告诫道："今天是新职工入厂日。来的都是年轻的孩子，而且大部分是姑娘。她们刚刚离开家庭，来到我们的工厂，心情一定非常复杂。我们应该用欢迎亲人的心情来欢迎她们，做事要站在她们的角度去考虑。如果进厂第一天就遇上发浑生锈的洗澡水，那么，她们的内心就会留下一片难以抹去的阴影。所以，我不允许这件事情发生，更不允许你们对这件事采取无所谓的态度。"

井植薰的一番话，让那位工程师及所有在场的人心服口服。

确定合理的劳资分配比例

商人发财的希望在于做大蛋糕。这首先需要在劳资双方之间定出一个合理的分配比例。只要员工竭诚用心，何愁蛋糕不能做大？

　　劳资分配比例并无可依之法，但国外也有一些值得借鉴的惯例。比如日本某些企业实行"利润三分法"，即老板、股东、员工各得纯利润的三分之一。由于员工的薪水收益计在成本之内，所以实际上是员工得大头。这样对员工才有激励作用呢！

　　还有些企业，虽然员工利润分配偏低，但由于与老板的收益悬殊不是太大，并未失去公平与合理。在这种前提下讲"按劳计酬"，才能真正调动员工的积极性。

　　一般来说，做得成功的公司通常是将利润分配比例解决得比较好的公司，无论国内国外，很少有例外。

　　很多年以前，商人们普遍认为自己发财的希望在于榨取员工的剩余价值。后来很多明智的大商人明白了，从员工身上榨钱是没有出息的，真正赚钱的方式是：将大家的潜力最大限度地发挥出来，通过资本的作用，制造利润，然后共享利润。

　　为了最大限度地发挥团队潜力，王永庆曾提出"创造利润，员工共享"的口号。与此同时，还推出一项新的奖励制度——绩效奖金。这项奖金的评定标准是：先给员工规定一个目标任务，如果完成任务，就按规定标准给予奖励。

　　自绩效奖金推行后，台塑各企业生产效率大幅度上升，单位成本则大幅度下降，而且它将公司最重要的资源——人力，发挥到了最大的效用。

　　例如，台塑旗下的台化公司曾在台南收购一家纺纱厂。接收时，那家纺纱厂的作业员一人只能看三台机器，生产效率在80％左右；而台塑接收过来后，采用绩效奖金支付员工报酬，很快升至一人可看六至八台机器，生产效率高达90％以上。

实施绩效奖金制度，确定目标是个关键，必须公平合理才有意义。如果标准太高，拼命努力也达不到目标，员工就会认为公司在欺骗他们；如果标准太低，员工轻易就能达到，那么，奖金就成了变相津贴，失去了激励的意义。

为了尽量求得公平合理，台塑各个独立核算部门都分别核定了标准成本，以此为基础计算各部门所属人员的真正绩效，再按绩效给予适度的奖励。

绩效奖金制度能用于各种可以量化的工作，除生产车间外，其他辅助性工作也可以采用。

例如，台塑企业内部共有69部电梯，原先都委托代理商维修，每年维修费约20万美元。由于代理商责任心不强，电梯常出故障。王永庆将电梯承包给工务部门一个7人小组，每年支付给他们14万美元维修费用。此前，他们人均年收入约1万美元，现在达到2万美元，所以他们干得尽心尽力，电梯再也没出过什么大问题。对公司来说，每年也省下6万美元，可谓两全其美。

王永庆还打算推行"成本中心"制，将绩效奖金做得更彻底。他说："如果将每一生产工厂成立为一个成本中心，让现在的厂长担当经营者的职责，课长成为经理人，以下的各层干部依此类推，由他们拿六成，我拿四成，相信采取这种措施，一定能激发全体人员的工作切身感，彼此密切配合，共同为追求更良好的绩效而努力。这样，不但对员工及公司都有利，最重要的，透过这种方式，员工及企业的潜力才能发挥得淋漓尽致。"

员工能力不能发挥的原因，通常是老板过于贪婪，恨不得将利润一口吃尽，只给员工留下一点残羹剩汁。他们拿走利润蛋糕中的一大块，只留下微不足道的一点，用于打发员工，还说什么"按劳计酬"。但员工也不是傻瓜，知道什么才是真正的"按劳计酬"。为了对付老板的贪婪，他们的应对之策是按酬付劳，也就是所谓的"拿一分钱干一份活"。劳资双方这样互斗心眼，结果是蛋糕越做越小，最后到底谁拿走了较大的一块，其实都微不足道了。

有钱大家赚

> 如果一单生意只有自己赚，而对方一点不赚，这样的生意绝
> 对不能干。
>
> ——李嘉诚

垄断后的冷清

靠大市场才能赚钱，一个人垄断并不等于财源广进。在买方市场的年代有钱大家一起赚才行。撵走了竞争对手，客观上减少了顾客的选择性，也就远离了赚到钱的可能性。

有一家公司，拥有半条街巷的门面房。这条街巷附近是个很大的居

民区。公司由于十几年来业务不景气只好撤了门店，空房对外招租。有一对夫妇，率先在这里租房，办起了一间风味小吃店，生意竟格外的好。于是卖麻辣烫的、卖豆汁的、卖涮羊肉的、卖陕西羊肉泡馍的……全聚到了这条街上来，这条街上人声鼎沸，很快成了远近有名的小吃一条街。

见租房的人生意这么火。对外租房的公司再也坐不住了。公司收回了对外招租的全部门面，撵走了所有在这里经营各种风味小吃的人，摇身一变，自己经营起小吃生意来。但没料到仅仅一个多月，这条街巷又冷清起来，公司的效益也出奇地差。

公司经理百思不得其解。去询问一个德高望重的市场研究专家。专家听了，微笑着问他："如果你要吃饭，是到一条只有一家餐馆的街上去，还是要到一条有几十家餐馆的街上去？"

经理说："当然是哪里餐馆多，选择余地大，我就会到哪里去。"专家听了，微微一笑说，"那么你的公司垄断了那条街巷的小吃生意，这同一条街上只有一家餐馆有什么不同呢？"

经理幡然醒悟，回去后，迅速缩减了自己公司的店铺，又将门面对外招租，这条街巷的生意顿时又恢复了往昔的红火。

与其独吞不如共享

现在，各个行业和产业的联系越来越紧密，纵使你再有能耐，也不可能一个人把原料、生产、销售、物流和服务全都包揽下来，不和别人合作那是不可能的。在竞争激烈的商业社会中，精明的商人都倾向于寻求别人的加盟与合作，这无疑是明智的，而且要挣大钱，成大事必须借助外力。要保持和维护长期合作必然要求有双赢的结果，谁也不甘心花费了心血和精力最终却毫无所获，或者所获甚少。但人性往往如此，每个人都看到了自己对这份利益的重大贡献，自然就希望获得全部或者大多数利益，于是一场你死我活的争夺就开始了。

面对这一不可避免的矛盾，与其独吞，不如共享！即使利益的分配存在着不公，也不要过多地计较。因为如果对方很强大，为了征服对方你必然会耗费许多的精力和时间，也许你最终得到了自认为的公平，但是从长远看，你失去了一个合作伙伴。这样是不是有些得不偿失？那就大度一些吧！有钱大家一起赚，有好处大家一起分，即使不能达到百分之百的公平，也不要耿耿于怀，这次让别人赚多点，下次别人自然会让你多赚一点。也许这次你让别人独吞了，出于无奈也好，出于忍让也好，别人记在心中，下次也许就是你拿大头的时候了。

商人拥有足够的大度量，才能在长期与他人良好合作的基础上，获得大的成功。

大家一起获益

追求合理利润是商人的共性，自己这方没有合理利润，生意将难以为继；对方没有合理利润，生意就滞塞不畅。所以，大商人赚该赚的钱，也让别人得应得之利，虽然放弃了暴发的可能，却可以做长久的生意。这样生意就如长河之水，生生不息，做长了自然做大了。

松下幸之助提倡"自来水经营法"，他认为，企业的使命是：不断努力生产，使产品像自来水一样丰富价廉，惠及全人类。

但是，松下只追求合理的廉价，也就是说，在努力降低成本的基础上达到降低价格的目的。松下定价有一条牢不可破的原则，即合理成本加上合理利润，定出合理价格。在这条原则中，合理利润是前提，一切以此为准。

有一年，松下电器公司研制出"乐声"牌收音机，松下幸之助邀请各地经销商参加新产品展示会，进行销售总动员。

在展示会上，经销商们都对这款新产品的价格提出异议，他们认为，"乐声"收音机刚刚上市，尚未得到消费者认可，价格却比名牌产品还贵，是不合情理的。

松下认为，这一价格是依照合理成本与合理利润制定的，属正常价格。他说："价格定得太高或太低，都是违背经济规律的，从商业道德角度看是一种罪恶，势必造成市场混乱，不利于产业的发展。"

松下还说："我比你们中的每一位都更希望降低价格。我并没有忘记我们一贯奉行的质优价廉的原则。要知道，我们的价廉是建立在批量生产基础上的，批量大，成本势必低，售价自然低于其他制造商。然而现在，我们还没有这个能力投入大批量生产……我相信诸位一定不会强求我们亏本贱卖。"

最后，经销商们终于接受了松下的定价，并保证努力促销。"乐声"牌收音机上市后，虽然价格偏高，但质优物美，很快畅销起来。随着产量加大，生产成本降低，售价比刚上市时降低了一半。

这时，一些经销商看到"乐声"收音机很受消费者欢迎，即使价格高一点也不影响销售，他们就调高价格，不按松下的定价卖。松下认为，为了多赚钱追求不合理利润是不行的，这对供销双方的长远发展都不利，所以，他发起一个"正价销售"运动。所谓"正价"，就是统一价格的意思，即所有经销商都按松下公司定出的合理价格销售，既保证各方面的合理利润，也保证消费者的合理权益。后来，"正价销售"成了松下电器公司的基本经营政策。

有些商人片面强调自己这方面的利润，只要有机会就不惜损害对方的利益。这不是一流商人的境界。所谓合理利润，意味着要在合作各方的利益分配中寻求平衡。一方得到不合理的高利，即意味着另一方只得到不合理的低利。这种合作是无法持久的。所以，大商人不仅要保证自己的合理利益，也会时时考虑他人的合理利益。

有一次，松下听说桥本电器公司已陷入困境，有意出售。他知道桥本电器拥有新型人造树胶技术，这种技术正是松下电器所没有的，他想将桥本电器连同技术一块儿买下来。

此时，桥本电器已是负债累累，难以为继，倒闭只是迟早的事情。有人向松下建议，桥本电器已支撑不了多少时间，索性等它破产后再去收购，必可低价得手。反正现在不景气，除了松下公司，有能力吃下桥本电器的没有第二家。

松下断然否定了这一建议。他认为这是乘人之危，不是一个讲道德的人应该做的。他立即派人去跟桥本商谈收购事宜。

桥本正值束手无策之际，当即同意出售。最后双方达成了交易：把桥本工厂改组成隶属松下电器的股份公司，股价总值10万元，松下占6成，桥本占4成。签约后，松下马上付6万元现金买下所占股份，让桥本拿去偿还债务。对这个结果，桥本真是喜出望外。而松下的大仁大义，受到广泛赞誉，愿意跟他合作的人也更多了。

|第六章|
公德钱财两者兼得

商人牟利，要以遵守社会公德为原则。真正的大商人，都把自己的事业置于有利于社会大众的方向，在为社会造福的同时获得公众的认可，并由此带来了最大范围的顾客群，最终"德财兼备"。而那些以损害公众利益来谋利的商人，或许得利一时，但往往也是法律制裁的目标。

以有益大众为目标

只有走大众化的道路才能生意兴隆。

——皮尔·卡丹

拥有有益社会的目标

自古"得民心者得天下"，作为一名商人，你要让消费者从你的产品或服务中真正获益。让尽可能多的人购买你的产品或服务，是成为大商人的必然途径。

所以，当你立定一个成为大商人的志向后，首先要为自己的事业设立一个有益于社会大众的目标。当众多的人因为你的努力得到好处时，你的人生目标也实现了。

亨利·福特的汽车公司刚成立时，还没有选定公司的战略方向。他想走出一条与众不同的道路，但他却不知道这条路在哪里。

那时候，汽车还是一种富人炫耀身份的奢侈品，它们的价格高得普通人不敢问津。有一天，福特将一部汽车卖给一位富有的医生。在试车时，一个看热闹的工人对同伴说："不知哪一年咱们才能买得起汽车？"

同伴开玩笑说："简单得很，从现在开始，你只要不吃饭、不睡觉，一天工作 24 小时，我想用不了 5 年，你就可以拥有一部汽车了。"

四周的人都大笑起来。福特却没有笑。他想：难道汽车仅仅是富人的专利品吗？难道它们不能成为每一个普通家庭的日常用品吗？好吧，如果别人不愿生产人人买得起的平民车，就由我来干吧！

他很认真地对那个工人说："将来的情形，可能与你所说的正好相反，在吃得更好、工作时间更少的情形下，你就可以拥有汽车，而且这一天不会太远了。我敢肯定地说，绝不会超过 5 年。"

那个工人笑嘻嘻地看着他，认为这不过是一个玩笑而已。但福特不是开玩笑，他将生产"平民车"的愿望当成了自己毕生追求的理想目标。

要生产一种"人人买得起"的大众化汽车，按传统工艺显然是不行的。为了实现这一目标，福特开始对产品的标准化、生产过程、劳资关系、成本等进行了一系列改革，其中采用大规模装配线是实现大批量生产的主要手段。

经过一段时间的研究，福特公司建立了一条新的生产线，使装配速度大大提高。以前需要 12 个半小时装配好一部车，现在只需 83 分钟就完成了。这条生产线经过不断改进，效率越来越高，到 1925 年，福特公司一天就能造出 9000 多辆汽车。后来，这种生产方式成为其他汽车制造厂改进生产流程的范本。

随着产量急剧增多，生产成本大幅度降低，销售价格也随之不断下降。到 1925 年，福特公司生产的 T 型车，每辆只卖 240 美元，真可谓"人人买得起"。

难能可贵的是，福特并没有用降低工人工资福利来节省成本，恰恰相反，他首倡"五美元工作日"，将公司人员的最低日薪提高到 5 美元。这远远高于当时同行业的平均薪水。因为他要让本公司的职员们在"吃得更好"的情况下，"人人买得起"本厂生产的 T 型车。

福特使汽车进入寻常百姓家，他首创的流水线生产模式和高薪政策，被各行业争相效仿，大大改善了美国人的生活。福特的公司因此获得了巨大成功，在世界汽车业取得绝对霸主地位；他本人也成为美国人崇拜的偶像，被誉为"把美国带到轮子上的人"。

依赖损人利己的手段，比如用欺骗宣传促成交易，用欺诈手段争夺利益，都是靠不住的。用《易经》的话来说，这是以阴害阳，必至阴盛阳衰，有违天和。这样做生意，就把生意做"死"了。

生意如春意，生生不息才是兴旺之象；财源似水源，长流不竭才是富足之方。多方使人受益，然后多方获益，让"水"流进流出，方能永不衰竭。一个人若想在事业上取得持久的成功，一定要走"可持续发展"的道路。

让员工与你目标一致

每一个员工都只会为自己的目标而奋斗，而不会为老板的目标而奋斗。这是每一个老板都应该清楚的事实。只有老板的目标与员工的目标趋于一致，才可能获得员工的真诚追随。

《孙子兵法》中说："上下同欲者胜"。商人应尽可能让员工与你的目标一致。

目标不能制造成功，但能引导全体一致的行动。其前提是，设定目标的人以及他的追随者都从内心深处认同这个目标。目标的吸引力来自它本身的合理性和它给参与者带来的利益。目标合理而无利，大部分人会离开；目标有利而不合理，只能吸引少数见利忘义之徒。所以，大商人都精通世道人情，知道人们喜欢什么，以及不能接受的又是什么，这样，他就可以立定一个人人乐从的团队目标。

郑裕彤是香港的"珠宝大王"。后来，他决定进军房地产业。

要做就做成大气候，这是郑裕彤一贯的作风。这需要全公司同心一意、共同出力才行。为此，他把手下的重要干部都召集到会议室，召开战前会议。等众人坐定后，郑裕彤先让人播放捷克著名音乐家德沃夏克的《新世界交响曲》！用这首充满憧憬、气势雄伟的曲子来调动一下大家的情绪。接着，郑裕彤把话转到了正题："各位，我们过去在珠宝界已经打出了一片天地；而现在，我们正面对着一个'新世界'，这就是房地产业！"

他表示，公司将兴建一个拥有两家酒店、几万平方英尺的购物中心。他要将这里建成一个全港最引人瞩目的建筑群。它的名字就叫做"新世界中心"。

郑裕彤描绘的新远景，对每个人无疑是有利的，一旦实现，他们的事业空间增大了，在外面当然也更有面子了。所以，他们无不欢欣鼓舞，乐意全力以赴，随公司的新事业一起飞翔，一起来开辟这片"新世界"。

经过大家十年的艰苦努力，"新世界中心"终于在1982年全部竣工。它成为继香港交易广场、汇丰银行、新中国银行和奔达中心之后的又一个特大型建筑群。

随着"新世界中心"的落成，郑裕彤一举成为香港地产界的超级大亨之一。

让人屈从不如让人乐从。有时候，目标是合理而且有利的，由于人们的认知水平有差异，看不到它的理由和利益所在。这时候，订立目标的人，不能认为"我是对的，错的是别人"，强行推动自己的目标。明智的做法是进行积极的沟通，提高人们对目标的认识，使大家乐于接受或至少不反对这个目标。

走大众化之路

在商场中，能不能赚大钱，利润率只是其中的因素之一，市场空间与市场占有率的大小才是最主要的因素。对商人来说，产品的适销对象越广，它的市场空间越大，只要提高了市场占有率，自然能赚大钱。而"走大众化之路"，是做大市场空间的主要方法。

松下幸之助曾提出"自来水经营哲学"，其宗旨是：使商品像自来水一样便宜，人人买得起。这实际上也体现了"大众化"的思路。绝大多数商品都是从"贵族化"向"大众化"过渡，只有极少数人买得起的商品，尽管利润率会很高，但市场前景也有限；"大众化"才是大商人施展才艺的真正舞台。

皮尔·卡丹出身于意大利一个平民家庭，14 岁便辍学到圣莱第昂一家裁缝店当学徒。成年后，他来到服装世界的中心巴黎谋发展。在这里，他向世人显示了他的服装设计奇才。

1950 年，卡丹倾其所有，在巴黎创办了一家服装公司。当时，战后的法国，经济迅速复苏，社会购买力迅速增长。卡丹认为："只有走大众化的道路才能生意兴隆。"他将着眼点集中在普通消费者身上，提出"成衣大众化"的口号。他要让更多的女士买得起他设计的漂亮时装。

在此之前，巴黎时装界历来以富有而高雅的淑女为服务对象。卡丹提出"成衣大众化"，不啻是向整个巴黎时装界提出挑战，引来了一片斥责和谩骂声。他们联合起来，想把卡丹逐出巴黎时装界。

面对世俗的偏见、同行的嫉妒，卡丹没有屈服，继续走他的"成衣大众化"道路。1953 年，卡丹举办了他的第一次个人时装展览。他设计的千姿百态、色彩鲜丽的女性时装大受欢迎，很快被抢购一空。整个巴黎时装界为之震动，卡丹的名字也频频出现在报纸的显眼位置。至此，时装界的前辈们不得不承认他"走大众化道路"这一叛逆行为的合理性。

后来，卡丹又在男装和童装上掀起"大众化"革命，都大获成功，由此奠定了他"世界时装之王"的地位。

"大众化"是以"人人买得起"为标志。但并不是说，只要"人人买得起"的商品就有赢利前景。对大部分商品来说，一旦"大众化"后，其生产技术往往已经成熟并且很容易被竞争对手复制，其售后服务模式同样易于复制，这样，加入进来的竞争对手会越来越多，市场被细分，生意将越来越难做。所以，在"走大众化道路"时，眼睛不能老盯着市面上现有的产品，还需发挥创新思维，开发创新产品。

日本在"二战"中战败投降后，因长期的战争消耗，市场一片萧条，食物极度匮乏，为一碗米饭导致父子兄弟反目的事屡见不鲜。

一天，经营海产品加工业的安藤百福在路过池田火车站时，看见了让人心酸的一幕：一位老人捧着一碗米饭，从一所旧木板房里踉踉跄跄跑出来，边跑边抓起碗里的米饭塞进嘴里，显然极为饥饿。一位壮年男子追上来，狂吼着，扔出手中的木棒，将老人击倒在地。壮年男子冲过去，从老人手中夺过饭碗，迫不及待地大嚼起来。

看到这幕惨剧，安藤百福心里痛苦得打战。他想，要是能制造出一种新的食品，让每个人吃个够，那该多好啊！自此，安藤百福对这个想法始终念念不忘。

后来，美国向日本大量推销小麦，日本粮食问题得到缓解，但新的问题又出现了：日本人以大米饭为主食，很多人不会做面条。这个问题启发了安藤百福，他对"新食品"的想法终于有了明确的概念：它应该是一种既便宜吃起来又方便的面食。

后来，安藤百福创立"国民营养科学研究所"，研制他心目中的"新食品"——方便面。现在加工方便面之类的食品是一种微不足道的技术，但在当时却是一项难度极大的技术。

经过几年时间的反复实验，终于攻克了一道道技术难题，比如：要用45℃左右的温水和面，要用150℃左右的沸油炸面条，要添加鸡粉、蛋粉等以调节口味……这样，"方便面"终于研制成功了。

方便面上市后，很快便畅销起来，成为日本家庭喜爱的一种食品。为此，安藤百福成立了日清食品公司，大量生产这种新产品。后来，日本经济空前地发达起来，方便面又有了新的意义——符合人们生活节奏加快的需要。因此，它不但在日本畅销，还在世界范围内流行起来，成为一种销路极广的大众化食品。

开发任何一种创新产品，都要跟紧时代潮流，以消费者的现实需要为出发点。生产出旧得落伍或新得过头的产品，它们可能受到十年前或十年后的消费者欢迎，可惜现在却赚不到钱，又有何益？

从正当途径赚钱

永远不要以为顾客可以被你坑骗。也许你可以蒙骗他们一次，但是或迟或早，他们会发现自己上当。

——利奥·兰杜

走正道赚钱

自古有"无商不奸"之说，这应该是对那些不走正道的卑劣商人的评价。很多小生意人受其影响，也依靠玩弄狡猾的手段赚一点蝇头小利，偏离了正道，所以永远做不大。而事实上，能够把生意做大并且旺势不衰的商人，都离不开一个"诚"字。唯有以诚心换诚意，才能走上可持续发展的正道。

赚钱的正道是致力于可持续性发展，不贪图眼前利益。它包括内外两个方面。对外，要培养一个忠诚的客户群；对内，要建立一支忠诚的员工队伍。这首先要求商人对客户和员工付出诚心。

阿朗·兰杜曾在英国人詹姆斯开的一家餐馆里打工。詹姆斯告诉他，经营餐馆最重要的一点，就是不要伸手到顾客口袋里去掏非分之财，宁可少赚一点，也要让他们乐意下次再来。这样，他们会成为你的义务宣传员，为你带来一大批忠诚顾客。对詹姆斯的告诫，阿朗·兰杜铭记在心。

后来，阿朗·兰杜移居香港，在湾仔区开了一家占美餐厅。他诚实无欺，赚老实钱，生意很快兴旺起来。顾客情愿多走一些路，也要到他这里来用餐。两年后，阿朗·兰杜将餐馆迁到繁华的闹市区，生意就更好了。

阿朗·兰杜死后，他的儿子利奥·兰杜接掌了占美餐厅的生意。临终前，阿朗·兰杜曾殷殷告诫利奥："切勿吃水太深，自取失败之道……"但利奥并未完全明白父亲的意思，他认为父亲那套经营方法早就过时了，不符合效率时代的潮流。占美餐厅的生意这么好，为什么要人为地保持低价？为什么不扩大经营规模？

于是，利奥通过减少分量的方式，调高了利润比率；为了多做生意，质量把关也没有过去严。刚开始时，赚的钱明显比过去多。但到了后来，生意一天不如一天。利奥终于明白了父亲话中的深意：利率越高可能利润越低；想多做生意可能生意越少，看来确实不宜"吃水太深"。

利奥赶紧悬崖勒马，恢复了父亲在世时优质低价、宁精勿滥的经营方针。这样，餐厅的生意又像以前一样红火。

随着生意的扩大，利奥基本上不用亲自管理具体事务，但有一件事他仍坚持亲力为之，那就是抽查原料和饭菜的质量。他经常对员工们说："我们自己能将就的，不能让顾客也将就，因为他们每一个人都是大人物，至少在我看来是如此，我们不能怠慢他们。今天的小顾客，明天也许成为大顾客。"

利奥·兰杜很少在自己的餐厅里用餐，相反，他喜欢光顾同行的餐厅。通过对比，随时调整自己餐厅的价格以及服务方式，以保持竞争优势。

现在，利奥·兰杜已拥有三家餐厅，其中两家叫占美餐厅，一家叫兰杜餐厅，它们在香港的知名度都很高。这无疑是数十年信誉积累的结果。

如何获得一支忠诚的员工队伍呢？一定要走管理正道。正如《孙子兵法》所说："道者，令民与上同意也，故可以与之死，可以与之生，而不畏危。"商人一定要诚心诚意对待员工，设立符合全体利益的目标，并用人格力量感化他们，这是建立忠诚团队的回信唯一正道。如果企图用强制或欺诈手段使员工效力，得到的终将是背叛。

当得克萨斯国际航空公司因经营不善而亏损严重时，董事长洛伦佐打电话给他的哈佛校友泊尔，聘请他为副总经理。洛伦佐向泊尔承诺，如果泊尔让公司重新开始盈利，就能得到董事长的职位。

泊尔欣然应允，并着手对得克萨斯航空公司实行改革，很快就使公司扭亏为盈。但是，洛伦佐不愿这么快就兑现承诺，他只是将总经理的职位让给了泊尔，自己仍然担任董事长。

泊尔很生气，认为自己受了欺骗。他告诉洛伦佐，他可能会辞职。洛伦佐自知理亏，终于让出了董事长职位。但泊尔却不相信他了，暗暗招兵买马，准备自立门户。

过了几个月，泊尔带着一批得克萨斯航空公司的高级管理人员，自创人民快运航空公司。

泊尔的背叛使洛伦佐异常愤怒，却又无可奈何。

泊尔这样做并不完全是为了报复，但他可不想让自己的野心为义气所束缚。为了鼓舞部下的创业精神，泊尔将权力和利益慷慨地许诺给他们，就像洛伦佐对他一样。可是他也犯了与洛伦佐同样的错误：没有忠实地履行自己的承诺。而且他错得更厉害，洛伦佐只是失信于他一人，他却失信于一批人。

当人民快运度过艰苦的创业期，步入顺境后，一场管理危机却在内部悄悄萌发。最先背叛的是公司元老之一、总经理吉纳特。他拒绝在公司新颁布的六项管理条例上签字，并且公开批评泊尔"太伪善"，从不兑现自己许诺过的东西，也从不考虑其他人的意见，永远都以自己的方式经营公司。

不久后，吉纳特跳槽到泛美航空公司。

吉纳特的离开只是一个信号，对泊尔的不满情绪正在人民快运蔓延，随时可能激发。只不过，由于泊尔将股票分配给了许多人，他们抱有一些幻想，还在继续观望。

泊尔并未意识到内部出了什么问题，他雄心勃勃，按照自己一个人的思路，实行着大举扩张政策，一连新开了好几条航线。可是，由于公司的经营管理基础非常脆弱，新开的航线，因经营不善，并未给公司带来利润，只能增加资金压力而已。生意的不景气反映到股票上，人民快运的股价在华尔街一落千丈。这一来，那些持有股票的雇员彻底失望，随之出现了离职潮。

在这种内外交困的情况下，人民外运勉强挣扎了几个月，终于撑不下去了。泊尔不得不决定卖掉公司。具有搞笑意味的是，买主居然是泊尔的老朋友洛伦佐。尽管泊尔万分不愿意出现这种结果，最后还是不得不屈服。

脏手的钱不能拿

一个人买错了东西，可以退货；做错了事情，想退回去，却没人受理。为了免于日后后悔，最稳当的方法是尽量不要做日后可能后悔莫及的事。

对于商人来说，能很快就赚大钱的生意，通常就是一件不合理的事情。

民间有一句俗语："喝凉酒，拿赃钱，早晚是病。"

贪婪之人，见钱就抓，不管来路是否正当。可是，当他们把赃钱抓进来后，这才忽然明白，不是他抓钱，而是钱抓他，从此，他的精神、他的生活，都受这些赃钱的控制。即使他想将钱吐出去，重新过干净日子，也已经不可能了。

德罗里安曾经是闻名世界的"跑车大王"。在改造潘狄牌汽车获得成功后，他名利双收，并以此创办了自己的汽车厂。这时候，他犯了做商人的大忌：奢侈无度，不思进取。除了在纽约拥有豪宅以外，他在新泽西州和加利福尼亚州都拥有占地 200 多英亩的别墅。他出入的餐厅不但要一流的，而且必须气派典雅。他的衬衫、西装每件至少都在 700 美元以上。

为了便于享乐，他的汽车厂设在英国北爱尔兰，却把总部设在纽约。所以他很少待在工厂，有什么事非去不可时，他一定要坐最豪华的协和式飞机，一定要住伦敦最高级的丽斯酒店。

由于他只在生意上花很少的心思，对市场调查工作做得不够，以至屡屡决策失误，造成汽车大批积压，公司开始出现亏损。但他不去积极寻求应变之策，却动起了歪脑筋。他决定铤而走险，从牟利甚高的毒品买卖上寻找出路，以挽救濒临破产的公司。

德罗里安将自己的打算告诉一个叫 CL 的朋友，并表示希望从中获取 5000 万美元的纯利。但他没有料到，CL 是联邦调查局扫毒部门的一个合作者。在 CL 的安排下，德罗里安与联邦调查局正在通缉的大毒贩赫特烈会面，两人订下了详细的运毒计划。一个月后，当德罗里安登上飞机飞往洛杉矶时，被三名张网以待的联邦调查员逮捕。

德罗里安被捕的消息震惊了西方商界，在德罗里安汽车公司内部更引起了巨大的震荡。不久后，这家公司即宣告破产。德罗里安的利令智昏，终于葬送了自己一生的事业。

用爱心赢得市场

"爱心"是个人的无形资产。如果商人拥有"爱心"，就相当于拥有了源源不断的财富。

大仓喜八郎是日本明治时代一个贫困人家的儿子，为了扭转贫寒的家境，他决定远离家门，开创自己的事业。他18岁时从大阪农村来到东京当小店员，两年后，自己开了一家小海产店。在他来到东京的第三年，东京发生了前所未有的饥荒，政府运米到大仓所住的地区救济灾民，灾民们争先恐后排起长龙等候领取救济米，然而，大仓喜八郎却一个人站在旁边看热闹。

有人大觉诧异，便问他道："小伙子，你为什么不排队呢？"

他答道："我并不是灾民呀！"

更难能可贵的是，这个小伙子突然大叫："我店里的东西，全部送给你们，你们随便拿好了。"

想不到在大饥荒的当儿，抢夺也在所难免时，居然也有这种甘愿牺牲自己的人，也有这种像天外飞来的好事。大批的灾民迟疑了好一会儿，就一窝蜂似的拥进大仓的小店，展开了一场激烈的争夺战。

站在店前看着自己以血汗换来的商品被人抢走，大仓不但没有觉得一点惋惜，反而神采飞扬，沾沾自喜。才二十出头就能做到舍己为人，实在令人佩服。

当他再做海产生意时，大家对他的为人敬佩有加，他的名声已远播在外，人家看他似是一颗光芒四射的玉石，纷纷与他合作。因此，生意之好，确是前所未有的，不久就奠定了开创大事业的基础。

大仓喜八郎成为大企业家之后，有人问他："做生意有什么成功秘诀呢？"

他这样回答道："做生意最要紧的是让人产生好感，这并不是指你的翩翩风度和英俊的外表，或是漂亮的容貌给人的好感，而是指你待人亲切，对人关怀给人的好感，是从心底发出来的开朗的微笑、干净的衣服、宁静地聆听别人意见的雅量等等。这些虽然重要，但最重要的是有颗对人关怀的'爱心'。如果有对人关怀之心，即使缺少别人的许多优点，你的生意也一样会欣欣向荣的。如果持有别的全部优点，也力求事业的尽善尽美，但如果没有对人的关怀之心，你的事业就难以扩展。"

正是因为大仓喜八郎拥有这种恢宏的气度和正确的观念，所以海产市场空前广阔，当他还年纪轻轻的时候，就成了明治时代名重一时的大人物，后来富可敌国。

只为自己打算而奋斗得来的成就绝不会太大，能够为别人、为社会而牺牲自己的人，才会有真正伟大的成就。

如果用一句话来概括大仓喜八郎的成功秘诀，那就是：用"爱心"赢得市场。

"爱心"是一个人的无形资产。所谓无形资产，就是那种没有固定形态的资产，它可以通过各种方式转化为有形的利益。在现代企业中，它包括信誉度、知名度、商标、知识产权等；在个人，它包括名望地位、道德品质等。"爱心"是个人无形资产中最重要的一种。就个人来说，如果无形资产是正直，就能带来被尊重、被爱等精神收益，同样，也能带来更多的赚钱机会。毕竟，任何一个生意人都愿意跟一个值得信赖的人保持合作关系，任何一个消费者也更愿意购买一位有爱心、讲信誉的老板的东西。

俗话说："付出总有回报。"的确是这样，如果撇开偶然性不论，你付出了"爱心"就能得到爱心的回报，不但会带来商机和金钱，还会带来金钱买不到的东西。

那么，商人具体该如何开发"爱心赚钱"的商机呢？

其一，在通过别人谋取利润时，应先考虑是否对对方有利，争取双赢的结果。

其二，不要吝啬做好事。有钱出钱，没钱出力。这好比种下一粒西瓜种子，迟早会抱回一个又大又圆的西瓜。

其三，不要害怕好名声。欺世盗名固然不好，但自己挣来的名声，自然可以欣然受之。

其四，不要讨厌穷人、残疾人等弱势群体。古今中外，关心弱势群体都是"有爱心"的标志。给穷人一点细微的帮助比为富人锦上添花更能带来好名声。

得人脉者得财源

消费者的需求是多层次的，他们不仅需要优质的产品，更需要心理上的满足。生产者从交易中赚了钱，顾客得到了自己喜爱的产品，也得到了心理上的满足。双方皆大欢喜，这是最公平不过的交易了。

——吉诺·鲍洛奇

教养带来人脉

有教养的商人会注重身边的每一个人，教养给他们带来良好的人脉，同时也给他们带来了财富。

一个贫穷的牧师一直潜心研究学问，人们都很喜欢他，认为他是最完美的绅士。虽然他的衣服不是很好，但总是干干净净，特别整洁。每次外出布道的时候，他总会谦和地和当地的人们打招呼。人们也对他非常友好，经常送给他一些食物和生活用品。后来，贫穷的牧师却变得富有了，而这主要是因为一次奇特的经历。

一天，两位着装古朴的老妇人来教堂做礼拜，因为大家从来都没有见过这种样式的衣服，于是一拥而上，用异样的目光看着两位老人，伸出手指指点点，嬉笑不止。几个游手好闲的小伙子竟然上前拉扯老夫人的衣服，翻来翻去地要看个究竟。两个妇人窘迫不已，不敢往前走了，生怕里面的人更多。

见此情景，这位年轻的牧师连忙上前疏散了围观的人群，然后带着她们沿中央过道走进教堂，很快帮她们找到了座位。

这两个老妇人原来是一对姐妹，她们两个人都没有孩子，虽然和这位牧师素不相识，但她们却执意要把一大笔财产留给他。

没有想到良好的教养也能换来财富吧？为什么老妇人愿意把财产留给一个毫不相干的人？因为牧师的教养！

有教养的人，即使身无分文，也能随时随地受到人们热情的接待。文明礼貌一旦成为习惯，财富的大门就会敞开，甚至财富和机遇会自动上门。

有教养的人言行得体、谦和友善，不逞强也不显派，喜欢助人为乐，而且在他的举手投足间就能透出绅士的风范。不管是贫穷还是富有，他都能掌握行事的分寸，对别人的欢呼喝彩和恶意诽谤都能坦然视之，对人求全责备是他们永远不会做的事。

他们带给别人的是光明和温暖，那些嫉妒和卑劣的人遇到他们也会自动投降，因为他们有着不可侵犯的尊严。再说，有谁会拒绝别人对自己的善良和友好呢？

文明的举止和高尚的教养能让生意更加发达。因为教养中包含着许多美德和高尚的气质，比如谦和、正直、善良等。巴黎有一家特别著名的"廉价商场"，凡是去过的人都赞不绝口，除了商品种类齐全和诚实经营外，人们最称道的是店员的教养。员工举止温文尔雅，接待顾客热情大方，只要是顾客的选择他们都表示尊重，10法郎的生意和100法郎的买卖都能得到最耐心的服务；只要顾客需要，他们都不会嫌麻烦，而是想方设法地满足顾客。后来，顾客越来越多，生意越来越火，这家商场成了全球最大的零售商店之一。

一个生意人不管他多么有创见、有能力、有口才，一旦他表露出粗俗、暴戾、唐突、野蛮、不合时宜等拙劣的倾向，他自身的形象就会大打折扣，不会赢得别人的喜欢和尊敬，人际关系就得不到提升，那样势必走到哪儿堵到哪儿。

真正有教养的人本身就是富有的，因为他拥有众多的美德。很多人希冀用外在"包装"出"教养"。他们把注意力、时间和金钱都投入衣着、饰品等外在的东西上，他们关心衣着胜于关心品质。他们认为如果打扮得不像一个上流社会的人就不是有教养的人，可是如果包裹着上好服饰的身体还是散发出粗俗的味道，别人依旧会对他们敬而远之。

要做个有教养的商人，你不仅要注重装扮容貌、礼节仪态、人情世故，还要把友爱、自足和宽厚等美德奉献给客户、顾客和合作伙伴。

勤于公益之事

真正的大商人一般都有强烈的使命感与社会责任心。很多时候，他们不会单纯考虑内部事务和片面追求企业利润，他们更会为社会福利尽义务，并承担必要的道义上的责任。这并不是单纯的广告行为，而是他们自身所拥有的高境界决定的。

大商人们热心公益的行为往往会受到广泛的好评。这种好评又进一步影响到他们的生意，成为做大做强的无形资本。

1941 年，日军偷袭珍珠港，将美国拖入世界大战的漩涡。

有一天，一位走上前线的老同学给可口可乐公司董事长伍德鲁夫打来一个电话，并且开玩笑说，他之所以打电话，是因为"在想你的可口可乐"。

伍德鲁夫心里一动：美军将士征战异国他乡，多么需要他们以前喜爱的可口可乐啊！如果将可口可乐送到前线去，既能鼓舞战士们的斗志，又能扩大公司的销路。

次日，伍德鲁夫向公司全体员工发表了讲话，号召大家为正义战争努力工作，并提出一个目标："不管我国军队在什么地方，不管本公司要花多少成本，我们一定要让每个军人只花 5 分钱就能买到一瓶可口可乐。"

可口可乐公司还向每一位员工印发了题为《完成最艰苦的战斗任务与休息的重要性》的小册子。小册子强调：由于在战场上出生入死的战士们的需要，可口可乐对他们已不仅是休闲饮料，而是生活必需品，与枪炮弹药同等重要。这个小册子鼓舞了员工们的爱国热情，他们为了让战士们喝到 5 分钱一瓶的可口可乐而忘我地工作。

为了解决战时运输的难题，可口可乐公司仿照美军使用脱水食物的方式，把可口可乐浓缩液装瓶输出，然后在美军驻地设立装瓶厂。可口可乐公司一共派遣了 248 名职员到美军战区，他们随军辗转，从新几内亚丛林到法国里维拉那的军官俱乐部，有美军的地方就有可口可乐。

士兵们在进行生死战斗时能喝到这难忘的家乡味，心里的感激之情是不言而喻的。大卫·爱德华从意大利战场上写给弟弟的家书中说："我不得不写信告诉你，今天是我们的特别节日，因为每个人都领到了可口可乐。在海外呆了 20 个月的战士，双手捧着可口可乐的瓶子，贴在脸颊，像瞻仰圣灵一样望着这暗褐色的可爱的精灵。没有人开始畅饮，因为喝完了就看不到了。"

美军统帅部看到了可口可乐对士气的激发作用，为可口可乐公司的派遣人员大开方便之门，并授予"技术观察员"的假军职。

在战场上，到处流传着美军将士与可口可乐的故事。例如，五星上将巴顿就是一位可口可乐爱好者。他将一地窖可口可乐当作必需品，无论转战何处，都要"技术观察员"跟着搬迁装瓶厂。巴顿甚至开玩笑说："我们应当把可口可乐送上前线，这样就不必用枪炮去打那些混蛋了。"

盟军司令艾森豪威尔与可口可乐的故事，更有趣味性：这位"二战"英雄从战场凯旋后，美国人为他举行了一个丰盛的宴会。宴会之后，侍者问艾森豪威尔将军是否还需要点什么。他笑容满面地说："给我来杯可口可乐好吗？"

将可口可乐一饮而尽后，艾森豪威尔又严肃地说："我还有一个要求。"

侍者肃立恭听。艾森豪威尔说："我还要一杯可口可乐。"

在整个战争期间，可口可乐公司在前方建立了 64 家装瓶厂，一共卖了 100 亿瓶可口可乐。他们也付出了惨重代价，不少"技术观察员"牺牲在枪林弹雨中。战争结束后，可口可乐作为一个爱国者的形象，受到更广泛的欢迎，从而巩固了它在饮料世界的霸主地位。

商人做没有功利目的的公益之事，最能打动人心。得到了人心，最终会对事业产生积极影响。"众人喜欢之事不妨大胆去做"，是许多大商人的信条。比如：李嘉诚在内地投资办大学，1998 年为抗洪救灾捐资 5000 万元。比尔·盖茨已向慈善机构捐助 200 多亿美元，并表示将在有生之年把自己几百亿美元的财富反馈给社会。就连"金融大鳄"索罗斯，也在世界各地成立慈善基金会。

对小商人来说，没有如此大手笔。但是，在力所能及的范围内，也不妨多做一些众人喜欢之事。最起码来说，千万不要做众人不喜欢之事，否则，等于断送自己做大的希望。

用责任心获取人脉

承担道义责任，对商人来说纯粹应出于自愿。哪个商人不言利，即使不负非必要的责任，也不会受到谴责。正因如此，商人承担道义责任，尤其能给人们留下深刻的印象，进而获取人脉。

一个商人，要有改进人类生活品质的心怀。如果他只是为一己的功名利禄考虑，一辈子也不会有多大出息。

大商人都勇于承担道义责任。首先他能跳出利害的计算，为公司承担道义责任。就像一位勇敢的船长，具有与船共存亡的决心，危难关头，他们甚至会放弃逃生的机会。正因为有这种决心，他们的船更不容易沉没。

艾柯卡受聘为克莱斯勒汽车公司最高执行官后，对这家机构臃肿、亏损严重的公司进行了大刀阔斧的改革，公司士气为之一振。

但是，改革并未马上看见效果。因为公司积弊太深，亏损太多，元气已然大伤。它就像一个奄奄一息的多发症病人，虽经苦药，却不能很快痊愈。艾柯卡率领全体员工，兢兢业业干了一年，公司形势仍未好转，只是亏损比以前少一点而已。

公司出现亏损，就应该有人负责。以艾柯卡的为人，不可能将责任推给前任，也不可能对股东和员工们说：这不关我的事！他决定将自己的年薪降为象征性的一美元，以示惩罚。

他这种勇于承担责任的精神，令部下们十分感动。一位高级经理对艾柯卡说："要是你挣一块钱就这么干，我也不含糊。"其他的经理也纷纷表示愿意降薪。最后，除了最低级职员外，公司所有主管级人员的薪金都降低了。像这种自愿降薪的集体性行为，在汽车工业史上是破天荒的第一次。公司员工的士气也大为高涨，每个人恨不得使出双倍的力气，为公司的荣誉而战，为拯救公司做一分贡献。

这种惊人变化让艾柯卡喜出望外。后来，他说：

"我在克莱斯勒3年，对人性的了解，比在福特公司32年还要多。我发现，只要大家能共渡难关，甘受痛苦，患难与共，就能移山倒海。"

由于公司上下同心一意，全力拼搏，克莱斯勒终于起死回生，一跃而为世界第四大汽车公司。艾柯卡也成为美国人心目中的大英雄，有人甚至提议他当总统。1985年4月，艾柯卡成为美国《时代》杂志的封面人物，通栏大标题是："他一说话，全美国都洗耳恭听！"

小商人将公司看成自己的领地，员工只是手中的工具。他们不打算对员工承担任何道义责任，一有困难就将危机转嫁到员工身上，甚至将频繁裁员当成一种降低成本的手段。毫无疑问，他们只能得到一些得过且过混生活的员工，不可能建立起一支忠诚的、能干大事业的队伍。

大商人将公司看成全员共同创业的场所，他们愿意为员工尽道义责任，不到万不得已，绝不会抛弃自己的员工。

在1929年的经济危机中，IBM公司陷入困境。它的产品积压在仓库里，无人问津。看来不裁员是无法熬过去了。到底谁会流落到1400万人的失业大军中去？它的5万员工都忐忑不安地等待着沃森的决定。这时，沃森宣布：决不解雇任何人。

这个决定让每一位员工欢呼雀跃。

但是，将5万人留在公司做什么呢？沃森到处借钱，维持正常生产，然后将产品堆积在仓库里。他决心陪员工一起熬过这漫漫长冬。

有人建议，公司有一大批59岁的员工，再过一年就到了退休年龄，不如先将他们辞退，以节省费用。沃森断然拒绝："不行！在我的字典里，还没有变相解雇员工的概念。"

众所周知，这场危机持续了数年之久。在产品卖不出去的情况下，每天仍维持 5 万人的生产规模，所造成的积压无疑是惊人的。面对堆积如山的产品，管理人员都惊慌失措，问沃森怎么办。

在此危急之时，乐观豁达的沃森还有兴致幽上一默："别声张！让它们在仓库里养精蓄锐吧！"

三年后，就在沃森再也找不到借钱的地方时，一笔大生意找上门来了——美国政府打算选择一家最有实力的厂商，购买一批计算机。别的厂家或大量裁员，或停产减产，只有 IBM 公司 5 万员工每天干得热火朝天，无疑最有实力，于是轻松得到这个大订单，一下子摆脱了困境；以此为契机，IBM 日后还垄断了政府部门的计算机生意。

经济危机过去后，IBM 公司堆积如山的产品开始显出价值来了，在竞争公司筹备生产时，它已将产品送到用户手中，抢占了绝大部分市场，一举奠定了自己的霸主地位。

无独有偶，在 1929 年的大危机中，松下电器公司的遭遇与结局几乎与 IBM 公司如出一辙。在危机中，松下公司的营业额下降了一半多，仓库堆满了积压产品，松下忧心如焚，一病不起。

这时，代理松下主事的井植岁男与武久逸男认为，值此危急时刻，与其全体俱亡，不如舍其一部，保全整体。他们拟出了一个裁员一半及减薪的计划，然后到医院向松下报告。松下断然反对二人的计划，他严厉地说："不，一个人也不能解雇，工资也不能降低。"

当井植与武久赶回工厂，向员工宣布松下的决定并当场烧毁裁员名单时，全体员工欢声雷动，热泪盈眶，高呼："松下电器万岁！"

他们自觉行动起来，背着公司的产品挨家挨户推销，很快消灭了库存，并创下了公司历年来最大的销售纪录。其结果，公司在危机的几年中不但没有倒闭，反而扩张了一倍。

大商人都有"共同环境"的理念，他们不把自己和公司独立于社会之外。由于他们愿意为社会承担道义责任，必为公众所喜爱。一家受公众喜爱的公司，做强做大就很有把握了。

贾尼尼是美国意大利银行创始人。这家银行的股东是农民、菜贩、渔夫、理发师等，大多只持有 2~3 股。因此，它被称为"大众银行"。

有一年，旧金山发生了强烈地震并引起大火，把整个城市烧得一塌糊涂，贾尼尼的银行楼也化为灰烬。这场灾难引起市民的惊恐，各家银行都出现了挤兑风潮。银行界人士不得不暂时停业，聚在一起共商对策。在会上，多数人都坚持要六个月后再开门营业。

这时，贾尼尼站起来，说："各位，你们的想法是错误的。在这紧要关头，不打开银行的金库，还要银行干什么？诸位不开业的话，我开！我是意大利银行的贾尼尼。"

但是，他的银行大楼已经烧毁，如何营业呢？贾尼尼决定：开露天银行！第二天一大早，贾尼尼把两个酒桶往两边一放，上面铺一块木板，意大利银行就这样开张了。人们亲切地称它为"酒桶银行"。

意大利银行帮助不少受灾之人渡过了难关，而且安抚了人心，大大提高了知名度。人们都愿意将钱存到这里来。不仅如此，这次义举使贾尼尼受益终生，每当他最困难的时刻，总有许多人怀着感恩的心情坚决支持他，使他每次都安渡难关。

下篇

三忌
善干不善变

全球经济一体化的今天，世界任何一个角落的小小事件都
有可能在商海中引起汹涌的波涛。在过去，商人靠勤劳苦
干便能做好生意，在今天，商人决不能只顾埋头拉车，更
要抬头看路，及时调整自己的方向。善干只能说明商人敬
业，善变才证明商人真正了解了商海扬帆的精髓所在。纵
观今日世界上一流商人的成长历程，不难发现他们随时根
据市场需要改变自己，这正是他们的事业长盛不衰的原因。

|第七章|
面临机会积极求变

　　赚钱的机会时常光顾，但将机会变成财富，却需要商人有眼光、胆量和求变的思维。机会来了，不敢变，抓不住；变慢了，别人会抢先；只有积极求变，它才属于你。只知道苦干却不去主动求变的商人只能在错过机会之后叹息，眼睁睁地看着它成为别人成长的动力。

以求变思维发现机会

> 机会不是等来的……必须自己去找，去创造。

——菲力普·亚默尔

用变的思维去看

　　只要做生活中的有心人的商人才有可能成为成功者。为此，商人应拥有一双善于发现的眼睛，当受到生活的触动时，以求变的思维想一想这是不是机会。如果是，就立刻行动起来抓住它。

费涅克是一名美国商人。在一次休假旅游中，小瀑布的水声激发了他的灵感。他带上立体声录音机，专门到一些人烟稀少的地方逛游。他录下了小溪、小瀑布、小河流水、鸟鸣等声音，然后回到城里复制出录音带高价出售。想不到他的生意十分兴隆，尤其买"水声"的顾客川流不息。费涅克了解许多城市居民饱受各种噪声干扰之苦，却又无法摆脱。这种奇妙的商品，能把人带入大自然的美妙境界，使那些久居闹市的人们暂时忘却尘世的烦恼，还可以使许多失眠者在水声的陪伴下安然进入梦乡。

机会往往就在不经意中错过，抓住它，你才能创造出财富的神话。

凭创意拓展市场空间

创意是思维变化的升华，商人凭创意可以开拓更为广阔的市场。产品的创意并非凭空想象，创意者要有一定的科技头脑和一套摸透顾客心理并投其所好的本领，才能有把握使自己产品创意一举成功，使消费者"一见钟情"，从而使自己的产品不断拓展新的市场空间，真正将创意变为机会。

红萝卜馒头——内地有家个体饭店老板目睹几十年来清一色的馒头始终销路平平，灵机一动，买来本地特产红萝卜切碎，将红萝卜汁掺入面中，推出了"红萝卜"馒头。由于这种馒头很有特色，而且品尝起来还有一种特殊的香味，使昔日冷冷清清的小店顾客盈门。

石壳手表——瑞士有家制表商别出心裁地用石头做表壳，根据石料的特性，不可能生产出两块完全一样的手表来，由此满足了西方人贪求稀奇古怪的心理，很快博得青睐，尽管每块"石壳手表"的售价高达195 美元，产品仍供不应求。

将不可能变为机会

在这个世界上，最寻常的东西莫过泥土，而珍贵的物品当数黄金。这两者之间能画等号吗？在常人看来自然不能。但有个商人从中发现机会，以求变的思维将不可能变为机会。

梁天雄出生在重庆市郊区一个农民家庭。1995 年高考落榜后，家中无力再供他复读，梁天雄只好回家务农。一段时间之后，他觉得在家乡守着两亩薄田不会有什么出息，也许去外面打工能找到一条出路。1997 年春节过后，他随在一家酒店当保安的表哥来到北京。

到了北京后，梁天雄才发现工作很难找。特别是像他这样没文凭没技术的外来打工仔更是如此。因为身高不足一米七，又没有退伍军人证，做保安也没有哪家酒店肯要他。

一个多月过去了，工作一直没有结果。表哥的微薄工资维持两个人的生计捉襟见肘，梁天雄不愿再拖累表哥，执意出去独闯。这时的他身上只有不到 50 块钱。开始，他想先找一家建筑工地挑水泥担砖块，凭力气干苦力活挣点钱养活自己再说。

可一连好几天梁天雄都没有找到工作，一个星期后，他已身无分文。梁天雄咬了咬牙，开始加入了捡垃圾的行列。白天，他在垃圾箱里翻着易拉罐、矿泉水瓶子，送到废品收购站去换些钱，晚上，他就在郊区的树下或桥洞里过夜。1997 年 6 月，梁天雄觉得自己在北京实在待不下去了，就想攒点路费回老家。

一天，梁天雄在一栋宿舍楼门口，看到一位戴着眼镜的老人把一盆花随着垃圾袋一起扔到了垃圾桶里。梁天雄很奇怪，便走过去问："老人家，您为什么把好好的一盆花给扔了呢？"老人说："养久了，花盆中的泥土被水浇没了，只能扔啊！"梁天雄仔细一看，花果然都枯萎了，花盆里仅剩一些沙土。但他还是不明白，便问："那您为什么不放点泥土呢？"老伯说："小伙子，现在北京城里哪里还能找到泥土，要泥土得跑到郊区才有呀。"说完，老人又看了花盆两眼才离开。在此之后，梁天雄在捡垃圾的过程中，又时常看到垃圾桶里有丢弃的枯萎了的花。梁天雄没想到，最常见的泥土，在北京城竟然这么难找。这些花被丢掉，养花的人一定也会感到可惜。那么，为什么自己不能从郊区带点泥土来卖给这些养花的人呢？

没过多久，梁天雄又一次看到一个中年妇女提着一盆花正准备扔，他走上前道："您这花扔了多可惜，我住的那里有泥土，我给您送点来，这花还可以好好养一阵子呢。"对方听了很高兴，梁天雄表示第二天早上就送泥土到这里。

第二天一大早，梁天雄就提着一袋子泥土去了。果然，那位妇女真的在原处等他。她要了一小半泥土，付给了梁天雄15块钱，梁天雄说不用给那么多，反正这土不要钱的，随便给点就行了。那妇女说："这不是钱多钱少的问题，如果没土，这花我只能扔掉了，花当初可是花了80多块钱买来的。"梁天雄暗想，既然北京的泥土这样值钱，以后自己捡垃圾的同时何不卖些泥土给那些喜欢种花的人呢？

此后，梁天雄在捡垃圾时，随手带着一袋泥土。碰到有人往垃圾桶里扔花，他就主动上去搭讪，如果人家需要泥土，他就从袋子里撮出一部分送给人家，随便别人给多少钱。令他意想不到的是，这样挣的钱比他捡垃圾得来的钱竟要多几倍。

梁天雄看到卖泥土这样赚钱，便决定一门心思卖泥土了。这时候，他手里已经积攒了1500多块钱，便租了一间民房，作为卖泥土的基地。

每天一大早，梁天雄就装一袋泥土，到居民小区叫卖。然而这样转了几天以后，效果不是很好。

梁天雄想了几天后，终于想到，只有养花的人才会买泥土，他只要先在楼下观察谁家的阳台上摆了花，然后记住楼层再去敲门试探着问人家要不要泥土即可。后来他又发现盲目地去敲门、盲目地问，反而会引起居民的反感。只有找准那些养了花又需要泥土的人家推销，才能把泥土卖出去。

梁天雄先去买了一台呼机，然后制作了一些名片。开始时，对买泥土的人，他只象征性地收点钱，然后送其一张名片，并告诉人家如果下次要买泥土或者自己的朋友要买，就打呼机，他可以送货上门。这一招还真灵，不到半个月，梁天雄一天至少要接到十几个要买泥土的传呼。每天他都会有数十元钱的进账，这比打工要强多了。

这样的日子过了两个多月，梁天雄收到的传呼慢慢地少了，有时候一整天都没有一个。梁天雄百思不得其解，问题到底出在哪里？为此，他特意提了礼物登门拜访了一个买过他泥土的老人。老人说："小伙子，你卖给我们的泥土里没有什么养分，时间一长，花慢慢地就枯了。你说大家还会买吗？"一语惊醒梦中人。别人见买的泥土没什么养分，那肯定不会再买。梁天雄想，真正靠泥土赚钱也很难啊。

　　梁天雄当天就到书店买了一些相关的书籍，慢慢地摸索出了一点门道。他按照书上说的买来一些肥料，严格地按照比例放入泥土里，然后搅拌均匀。

　　以前如果没卖完，梁天雄就把泥土扔在垃圾桶里，现在，他不但舍不得扔了，而且还买了精美的包装纸将泥土包装好，然后在包装纸上写上"高肥花盆土"的字样向人们兜售。这样一来，虽然他所卖泥土的价格相对于以前提高了3倍，但买泥土的人却比以前多了很多。

　　到了月底，梁天雄一算，净挣了3000多块钱。因为在梁天雄那里买泥土很方便，三个月后，很多人都知道有一个外地来的年轻人卖泥土。他接到的传呼越来越多。梁天雄就雇请了几个送货员来帮忙，并且给他们分了工，每个人每次送一至两个小区。这样，业务量大增，有时候他一天能挣上500多元。

　　可是这样的好日子并没有维持多久，有几个在他这里干过的人也开始在北京城里叫卖泥土。梁天雄眼睁睁地看着自己好不容易打下来的地盘慢慢被他们夺去了。不久，加入卖花盆土这个行列的人越来越多，梁天雄的生意越来越不好做了。

　　他仔细地分析了原因，如果再不改变思路，无异于坐以待毙。

　　此后，梁天雄不仅在泥土的配方上狠下功夫，而且在商品包装和销售服务上，也频出奇招，先后推出了甲类、甲类A级花盆土等多个品种，标明富含钾、磷、氮等元素，适用于种植月季、菊花等花卉。他还特意在包装上印几条实用的养花、育花经验，诸如养花之忌、怎样让花开得持久不败等小资料，让养花者有章可循，大家更乐意买他的花盆土了。

　　为了让自己的花盆土有品牌，他还专门聘请了一名农科院的技师做顾问，遇到不能解决的技术问题，他便跑到顾问处请教，然后再为养花户解决实际问题。这样，梁天雄在技术上不再存在后顾之忧，生意越做越顺了。2000 年 3 月，当保安的表哥也辞职来投奔他。

梁天雄因为天天和泥土打交道，又肯钻研和学习，对于什么样的花种需要什么样的泥土，该怎么配肥，都摸索出了一套行之有效的方法。相对于别人来说，梁天雄就有了质量优势，一些老顾客给他带来了新顾客。

2000 年 7 月，表哥告诉梁天雄，自己原来当保安的那家宾馆要在大门口和大厅里摆一些花，可能会要一大批花盆土。梁天雄听了眼睛一亮，自己以前只知道卖给居民，从来就没有想到过要卖给一些单位，如果能把泥土推销给单位的话，一次卖出的就是一大批，这样不是更赚钱吗？于是，他马上去洽谈这项业务。事后一算，仅这一笔业务就挣了3000 多块。

这件事对梁天雄的触动很大，他决定和一些单位进行合作。从此以后，梁天雄把大部分的精力转向了一些大单位，而普通居民这一块就交给表哥具体操作。这样一来，梁天雄的营业额迅速增长了许多倍。有一次，仅一家大型国有企业一次就在他那里买了 3 万多块钱的泥土，他足足挣了 1 万多块钱。

随着梁天雄的事业日益扩大，他觉得即便是做泥土生意，也要形成品牌，有健全的机构，有自己合法注册的公司，再不能采取小打小闹的游击战了。于是，他注册了"天雄花盆土"经销公司。

随着城市的环境绿化步伐加快，梁天雄的生意也越做越大。现在北京街头的花花草草下面的泥土，有许多就是从梁天雄那里买的。

敢于主动抓机会

即使结果不理想，也比什么都不干好。与其因不干而后悔，莫如干后再后悔。

——荒木义郎

不要被自己的猜测击败

俗话说：大胆天下去得，小心寸步难行。

在"小心"的商人眼里，世间到处都是艰难和险阻，人间处处都是欺骗和陷阱，所以在机会面前他们不敢变，怕是陷阱。而事实上，这通常只是猜测的结果，心灵布满陷阱，则眼前皆是陷阱。

"大胆"的商人往往是主动求变抓机会的人，越没有鬼，越要走近前去，看看什么是鬼。结果发现世上并没有那么多鬼，胆子自然就大了。于是，他们永远不乏成功的机会。

在一个充满机遇的时代，机会不是问题，因为猜测放弃机会才是问题。在机会来临时，许多人担心丢脸，担心白费工夫，担心蒙受损失，以至畏缩不前，白白错失机会。他们认为暂时的安全是谨慎的结果，其实臆想的危险可能根本不会发生。

当马孔·福布斯决定推出"美国400首富排行榜"时，遭到部下的一致反对。首先表示异议的是总编麦可斯，他认为，要查清富翁们的真实收入，是一件不可能的事，他们一定不会愿意公开自己的收入，因为他们害怕税务人员找上门来，害怕引起绑匪或恐怖分子的觊觎。既然这一计划不可能实现，何必为它浪费资源？

福布斯认为这只是麦可斯的猜测之词，在没有尝试之前，不宜下不可能的结论。他责成麦可斯立即着手策划。既然老板坚持，麦可斯只好勉为其难地接受了任务。但他还是认为这一计划不可能实现，积极性不高，所以，他将这个差事扔给了一个名叫萨拉尼克的下属。

萨拉尼克也不愿做这件在他看来注定劳而无功的事。他率领一班编辑、记者，无精打采地干了两个月，眼看计划实在进行不下去了，就写了一份报告，交给马孔·福布斯说："我们已尽力试过，不成！"

马孔大光其火，吼道："我愿意动用所有的人力来完成这项计划，时间、金钱、人力我都在所不惜！"

萨拉尼克看到老板的决心，他这回抛弃所有疑虑，率领手下竭尽全力工作，终于搞出了第一份"美国 400 首富排行榜"，当它刊登在《福布斯》杂志上后，引起全美国的轰动，当期杂志销售一空。而且，榜单刊出后，也没有富翁因此引出税务官司，更无人因此遭到绑架。

时至今日，"美国 400 首富排行榜"和《福布斯》一起，已蜚声全世界。

在生活中，猜测给我们制造了无数错觉。无论任何事情，原本只有一个结果，但无端的猜测却幻化出种种不存在的结果，并在无形中增大了我们的心理压力。也就是说，我们经常为不存在的结果承担了心理损失，甚至丧失机会。解决这个问题的唯一办法是：行动。

将你的问题变成你的机会

问题是让人讨厌的，但有时，问题的解决也是另一个机会的创造。拥有大商人潜质的商人，总是设法从问题中变出成功的机会。

加藤信三是日本狮王牙刷公司的普通职员。一天早上，他用本公司生产的牙刷刷牙时，牙龈被刷出血来。他气得将牙刷扔在马桶里，擦了一把脸，满腹怨气地冲出门去。牙龈被刷出血的情况，已经发生过许多次了，并非每次都怪他不小心，而是牙刷本身的质量存在问题。真不知道技术部的人每天都在干什么！他来到公司，气冲冲地向技术部走去，准备向有关人员发一通牢骚。

忽然，他想起管理培训课上学到的一条训诫："当你有不满情绪时，要认识到正有无穷无尽新的天地等待你去开发。"他冷静下来，心想：难道技术部的人不想解决这个问题吗？一定是暂时找不到解决办法。如果能解决它，情况会怎么样？这也许是一个发挥自己才能的好机会呢！于是，他掉头就走，打消了去技术部发牢骚的念头。

自此，加藤信三和几位同事一起，着手研究牙龈出血的问题。他们提出了改变牙刷造型、质地、排列方式等多种方案，结果都不理想。一天，加藤信三将牙刷放在显微镜下观察，发现毛的顶端都呈锐利的直角。这是机器切割造成的，无疑是导致牙龈出血的根本原因。

找到了原因，解决起来就容易多了。改进后的狮王牌牙刷在市场上一枝独秀。作为公司的功臣，加藤信三从普通职员晋升为科长。十几年后，他成为这家公司的董事长。

在生活中，我们遇到的问题通常是能力不足造成的：沟通能力不足就容易发生矛盾，工作能力不足就难以提升业绩，经营能力不足就做不好生意……不管发生什么问题，都不用怪这怪那，直接从自己身上找原因就可以了。只要找出问题的根源所在，我们就知道了努力的方向。在提升能力的过程中，问题将迎刃而解，生活也将向我们展现一片新的天地。

积极应变抢机会

竞争对手虎视眈眈，随时可能对自己形成冲击。面对复杂的市场商人如何应变？沉着冷静后找到应对办法至关重要，更需要商人有不畏困难积极应变抢机会的勇气。

一架豪华客机徐徐降落在东南亚某国首都机场。从机上走下的乘客中，有一位是来自经济发达国家——日本国的商人，他是日本富士现代办公用品公司驻该国的业务代理藤野先生。

此次前来，他肩负着一项重大的使命，即与该国的泰恒公司签订一个有关进口日本某型复印机的合同。复印机在这个经济刚刚起飞的国家，还完全是个新事物，有着广阔的发展前景，占领这一市场对公司的前景无疑有着十分重要的意义，藤野先生就是带着公司"只许成功，不准失败"的指令来的。

走出机场，藤野先生却惊奇地发现，泰恒公司并没有如约派人来接他。藤野先生以自己多年在商海中摸爬滚打积累起的经验，凭直觉敏锐地觉察到事情有变，他来不及细细思考下去，立即叫了出租车赶往泰恒公司，以弄个水落石出，找到问题的答案。

　　果然，泰恒公司的老板见到他只是冷冰冰地抛过来一句话："对不起，藤野先生，我公司已有新的打算，不准备签订这项合同了，很遗憾。"说完，一摊手走开了，面对这迎面而来的打击，藤野先生黯然神伤。想到临行前公司的嘱托，藤野先生果断决定，不能再沮丧、抱怨下去，唯有冷静头脑，振奋精神，查清事实真相才能解决这个大问题。

　　在他看来，泰恒公司绝对不会轻易放弃复印机这个大生意不做，无缘无故松开牵着财神爷的手，那他们现在拒绝签合同，又该做何解释呢？难道又有了新主顾？对，很有这个可能。哪儿的呢？其他国家的？可能性不大，因为就目前国际市场上的复印机来说，只有日本产品才是一流的，泰恒公司绝对不会见利忘义，为公司的长远发展及信誉着想不会贪图便宜买进现已淘汰的产品。那么，与泰恒公司做生意的肯定也是一家日本公司。

　　他们是以什么样的优惠条件吸引泰恒公司更张易辙，舍此适彼的呢？所有这些问题都要一一搞清楚。

　　藤野先生理清思路，谋划好了行动方案，他首先向国内公司汇报了有关情况，并请公司协助查清事情原委。不久，公司有了回音，证明国内确实有一家公司在从中作祟，暗中与泰恒公司取得联系，要为其提供价格更低、性能更先进的某型复印机，致使泰恒公司改变初衷并拒绝签合同。

　　目前，要战胜竞争对手，需立即着手解决两个问题：一是赶在对方前面尽快拿到与泰恒公司的签约；二是立刻与厂家联系，无论如何都要取得某型复印机在该国的经销权。

　　作战计划已定，公司便兵分两路，仍由藤野先生负责与泰恒公司签订合同。公司另派人马去厂家联系进货业务。

当藤野先生第二次出现在泰恒公司老板面前时，还未等对方开口，他便开门见山地说："总裁先生，别来无恙，我未约而至，您不会介意吧？我这次来是与您专门洽谈关于某型复印机的进口问题，想您一定是感兴趣的吧？不错，此复印机确实比其他机子优越，所以，我们决定在这方面与贵公司合作，而且我还要高兴地告诉你，我们提供给贵公司的产品比贵公司前些天联系的那一家价格要低3成。"

听罢此言，泰恒公司老板好生奇怪："怎么只短短的3天，这个日本人就什么都知道了？不过，这与自己又有何关系呢？只要有利可图和谁做生意还不一样，既然富士公司价格比那家公司优惠得多，我又何乐而不为呢？"他马上笑容满面地上前与藤野先生握手成交，并随即签订了进口1500台此机的合同。

在藤野这里，机会是抢出来的，也是变出来的。

因机会而改变生意

必须在竞争对手之前采取行动，并迅速地利用机会。

——迈克尔·戴尔

取巧变出机会来

一个机灵的小伙子看到一位出版商积压在仓库里的一大堆书，正苦于找不到销路。他翻了翻书，觉得书的内容很好，于是，他对出版商承诺自己可以帮助他把书卖出去。出版商正为这批滞销书大伤脑筋，一口答应，如果书卖出去了，他只收回书的成本，其余的都归小伙子。

小伙子想方设法求见州长，送去这本书，并一再要求州长下一句评语。日理万机的州长懒得和他啰嗦，随便说了一句，想打发小伙子尽快离开："这本书值得一读，我留下来细看吧！"小伙子如获至宝，到处兜售此书，并附上宣传语：州长认为值得一读的书。很快书就销售一空了。

不久，小伙子又带上两本好看却不好卖的书去纠缠州长。州长拿起其中的一本，在扉页上写下："最没有价值的书！"以此来奚落小伙子。可是年轻人仍然笑嘻嘻地递上第三本书，州长看着他诡异的表情，于是什么都没有说，放在一边。小伙子很快又大赚了一笔。州长好奇地派人打听，原来两本书出售时分别写着"州长认为最没有价值的书"和"州长难以下评语的书"。

小伙子取巧的方法确实让人哑然失笑，但他不由得对小伙子的聪明巧干拍案叫绝。花一番心血，想出新奇的创意就能使自己大赚一笔，而且还能使购买者从中受益，可见，不以欺骗消费者来谋利的"取巧"还是有一定的社会价值的。

就一般人看来，"投机取巧"可不是什么好话，那是狡猾奸诈之徒的附属物，而诚实的人向来都实实在在。如果针对生活中的人这话还很有道理，但是如果以此来要求和评判商人，恐怕就要遭受一些辩驳了。

在商言商，经营需要商人的实干，依法经营，不欺诈，不蒙骗，这固然是根本，但是瞬息万变的商情和商机更需要商人的巧干，靠四两拨千斤，凭一个小点子赚大笔的钱，借别人的手推动自己的生意，用别人的口吹捧自己的产品，借别人的势力打造自己的品牌，这就是"取巧"，是造势的技术，是智慧的运用。

"巧"是奇妙的点子，巧就巧在最大限度地开发和运用人际关系、制造并炒作事件、创造并利用环境。"取巧"是商人的聪明和智慧，是商人经营和推销的谋略，动用一下脑筋，巧干十分钟赚取的利益可能会超过实干一年的所得。为什么有的商人能在短时间内就富起来，无外乎靠巧干抓住了可遇不可求的机会，靠的是"取巧"的原因。

"取巧"说到底就是要以智取胜。大多数商人可能没有雄厚的资金来支撑广告上的排场；在人才资源方面，你可能又是兵微将寡；要以胜人一筹的经营管理制胜，恐怕经验不足，还不够老道。

在这种情况下，除了认认真真实干外，商人还要适当取巧，如此才能争得机会，从而达到事半功倍的效果。商人取巧不要忘了突破传统观念和思维定式，力争让自己的巧干和创意达到"一石激起千层浪"的效果，有了好方法就付诸实施，先下手才能为强。

机会藏在改变中

"披头士"是20世纪50年代末英国利物浦一个名叫约翰·列侬的青年发起成立的一个四人小乐队。"披头士"乐队具有独特的风格和形象，边弹吉他边演唱，音乐激烈而通俗，歌词简明易懂，表演形式明快热烈。

　　起初，这个四人小乐队只是在当地搞些流动演出。不久，随着利物浦音乐舞台的繁荣，摇滚乐深受观众的喜爱，约翰也开始走出自己的家乡，率"披头士"乐队在英格兰北部俱乐部和舞厅举办了一系列演出活动。到了1960年，乐队的组建更加完善，并于同年夏天到德国的汉堡演出达四个月之久，同时灌制了第一张唱片，产生了极大的影响。

　　乐队返回利物浦后，英国一家唱片公司的老板布莱恩·爱泼斯坦不断接到德国人的电话和信函，要求录制"披头士"的唱片。老板感到很奇怪，他从来没有听说过利物浦有过"披头士"乐队。"披头士"乐队虽然在德国演出获得了巨大成功，但在自己的故乡却仍然是个默默无闻的小乐队。经过仔细打听，爱泼斯坦终于找到了这几个小伙子，3个月后，他便成了"披头士"乐队的经纪人。

　　爱泼斯坦出任老板后，第一件事就是改变"披头士"的面貌。这位深谙经商之道的老板懂得，乐队的形象美直接关系到乐队演出的经济效益。老板首先为小伙子们设计了特有的发型，经过一番改扮，小伙子们个个都显得干净、整洁、精干、妙趣横生。爱泼斯坦还组织起第一个"披头士"歌迷俱乐部，提高演出的报酬，寻找唱片的销路。一开始。由于"披头士"乐队在英国尚未出名，所以一连遭到几家大公司的拒绝，后来有幸遇到EMI唱片公司下属的一家子公司的乔治·马丁，他对"披头士"唱片的前景看好，终于签成了一份合同。

　　"披头士"于1962年9月为这家公司灌制了《一定要爱我》这首歌曲的唱片，十分畅销，乐队的名声也随之大振。新闻界很快对这四位小伙子发生了浓厚的兴趣，资助人开始组织"歌迷狂欢音乐会"。一年以后,"披头士"一词首次在英国报刊上出现。

"披头士"的成功使英国的音乐舞台出现了空前活跃的景象,各大唱片公司也如法炮制,纷纷推出各种各样的摇滚乐队。音乐界的"爆炸"带来了极好的经济效果,现代音乐成了英国出口的头号"商品"。英国女王伊丽莎白二世也向"披头士"授予了皇家勋章,以表彰他们为平衡英国对外贸易作出的贡献。

1963年,"披头士"又把进军的目标瞄准美国。到美国时,他们的唱片《我想握住你的手》已经在流行歌曲唱片销售中名列第一。他们的首场演出后,该唱片的销售更是直线上升,在美国又引起一阵"披头士"狂热。

"披头士"乐队若没有爱泼斯坦这位懂得"捧星"的老板所进行的改变,很难想象他们能取得如此辉煌的成就。

"填空当"变成机会

面对强有力的竞争对手,商人如何求存?聪明的商人不会硬碰硬,而是根据对手改变自己,专填对手所不注意的空当。

长沙长富利公司的老板陈子龙被誉为"填空当"的专家,他的成功经验是12个字:人无我有,人有我转,人缺我补。这套经验是陈子龙在长期实践中摸索出来的。年轻时,陈子龙只是一个小商人,开着一家小副食店,由于实力薄弱,时时面临着对手的挤压,几番风雨之后,陈子龙终于想出了"填空当"的妙招。

陈子龙的口号是:"独门生意不嫌利润低。"对于独门产品,不论赚钱多少，陈子龙都乐于经营，他不仅注意从市场中搜寻潜在的独特产品，还密切关注消费者的需求变化。对那些大众急需而商场里暂时缺货的产品，他总是早有准备，从外地的商业网点急速调进以满足顾客的需求。例如，1989年初冬，长沙低温气候逼人，长沙阿波罗等各大商场的软帽子都已卖完，而人们的户外活动非常需要这种帽子。对此，陈子龙早留了一手，将积存在外地的软帽迅速调运进长沙，成了冬季商场中的独门生意，很快销售一空。尽管这种帽子的利润很低，但犹如给顾客雪中送炭，商店的声誉也因此大增。

有一天，陈子龙来到开在五一路的分店，发现该店生意很不景气，心里很不是滋味。经过了解，原来在离分店100米处新建了一栋百货大楼，招徕顾客的手段高明，客流量大，货源充足，有着许多优势，而他的分店在品种竞争、场地竞争等方面都处于劣势。鉴于这种情况，陈子龙决定利用自身"小"的特点去求发展，他注意到那家大商场的营业时间是早上9时到晚上8时，这使得一些早出晚归的顾客想买临时需要的商品很不方便，于是，陈子龙调整了该分店的营业时间，将以前的"早9时晚8时"改为从早上6时至10时和从下午3时至凌晨2时两段，使营业时间基本上与那家大商场错开，这种与众不同的营业时间正好满足了那些早出晚归的消费者，起到了"补空当"的作用。

陈子龙的商场不仅从商品品种、货源多少、顾客需求变化上进行考虑，而且注意在时间差、服务手段上突出自身的特点，尤其是别人不太注意的细微之处，他更是通过看、问、比、试，不断发掘可供自己利用的特点，使各家分店在不同的销售环境里勇于创新，不断吸引顾客，提高商店的声誉。

凭着"填空当"这一招，陈子龙在夹缝中求生存，不断发展壮大，终于成为长沙现在屈指可数的大老板之一。陈子龙每次都是在大局不利的情况下致力于寻找商机，巧胜对手。

"填空当"的要点是填补其他商家经营上的空当，以吸引顾客，占领市场。

在市场经济时代，商家经营产品都有个大概范围。这个范围是根据市场需求量、自身经营实力、商品经营成本、其他商家经营情况等综合考虑后确定的，一般来说，只要市场有需求的商品，总会有人经营，甚至有很多人经营，但也有一些商品，由于市场需求量不大，进货很不方便，或经营成本太高，无利可图，或信息不灵，未及时引进，这些大家都不经营或极少有人经营的产品，就是空当。

另外，"填空当"不仅是填补经营产品的空当，还可以是填补营业时间的空当。一个想要成大业的商人，头脑中时刻都要有填补时间空当这根弦，不仅是在一天之内填补别人的营业时间空当，还可以是一年，这也就是我们常说的反季经销。

任何空当里其实都有着无限商业机会，关键是商人善于改变自己加以利用。

┃第八章┃
顺应时势不得不变

商人做生意，无论大小都与市场息息相关。商海的大势不是商人的力量可以抗拒的，顺之则昌，逆之则亡。要想在商海中拼搏而始终屹立不倒，就要随着形势而变。变则强，不变就会被淘汰。当商海大浪淘沙之后，剩下的只是那些善变的商人。

当传统发生变革时

> 商品是活的东西，必须满足现代人的生活和嗜好
>
> ——安藤百福

技术引发的变革

科学技术的进步丰富了人们的日常生活，也逐步成为市场角逐的重要筹码。商人不能顺应科技进步的脚步，必将被先变的对手击败。

瑞士是老牌的钟表王国。谈起钟表仪器，第一个跳入人们脑海里的准是瑞士。而日本的诹访精工就是瑞士钟表业的主要竞争对手之一。

欧米茄是驰名全球的瑞士名牌钟表，在 1964 年东京第 18 届奥运会之前的历届奥运会都使用欧米茄计时钟表，创下了 17 次独占计时权的辉煌历史。在东京举办奥运会的消息传出后，精工企业集团的员工们个个群情激奋，他们不能容忍欧米茄独占东京奥运会的计时权，决心要利用这次有利时机同欧米茄一比高低，使精工成为日本的骄傲。

精工企业集团在取得了东京奥运会计时权后，调集下属 3 家公司的 20 多名技术精英组成计时装置的开发队伍。派出了 3000 多名技术人员，耗资 30 亿日元，策划了日本精工走向世界的重大方案。在各个比赛项目中，都以精工表计时。如此一来，精工表不仅映入百万现场观众的脑际，而且世界各地亿万观众都通过电视屏幕认识了精工表。

精工表果然不负众望，在东京奥运会上大出风头。当来自非洲的运动员阿贝贝在马拉松比赛中飞奔过终点时，精工瞬间数字跑表立即定格，正确地指着 2.12.11.2。阿贝贝以 2 小时 12 分 11 秒 2 创造了奥运会马拉松赛的最好成绩。全场立即欢声雷动。那块在赛程中时刻追踪阿贝贝的数字跑表还是世界上最早的干电池驱动便携式石英表，平均日差仅 0.2 秒。如此高精确度的精工表在东京奥运会上亮相，令同行们刮目相看。

瑞士表是靠钟表调整师的技术得胜。调整师谙熟机械表的性能，在调整机械表的温度差、姿势差等整合误差方面有着世界最高的技术水平。在这一点上，日本人也自叹弗如。但他们善于避实就虚，精工企业遂将目标转向石英表以期突破。石英表的运行原理是在石英上通入电流，使其发生伸缩性规律振动，将此振动以电气的方法连结马达来划出时间。从振动的正确性来说，机械表根本无法跟石英表相比。只要拥有耐震的能力，石英表计时并不受温度等变化的影响，能达到准确无误的程度。

当 1968 年精工表再次参加纽沙贴夫天文台的钟表比赛时，15 块精工石英表的参赛成绩令考评官哑口无言：瑞士表都排在了日本精工表之后。恰如当头挨了一记闷棍，瑞士人久久无法回过神来。在这一沉重的打击下，瑞士厂商忧心忡忡，坐立不安，直到第二年才将得分表寄往日本，没有公开名次，并宣布从此停止纽沙贴夫天文台的钟表竞赛。精工表初战告捷，有着百余年辉煌历史的瑞士表的黄金时代彻底结束。

纽沙贴夫天文台"比武"的失败，让瑞士人脸上无光，为了雪耻，为了有朝一日能夺回失去的自信和荣誉，瑞士人一味地追求机械钟表的极致和精确，而忽视了钟表耐震差、成本高等难以商品化的缺点。他们从惨败中逃出，却又步入了误区。日本人则相反，没有居功自傲，而是迅速转移思路，准备将成绩转化为生产力，做出了将石英表商品化的战略决策。大赛中获得的知名度，又起到了为产品的大规模生产和走向市场鸣锣开道的作用。

精工的石英表，引导了国际钟表业的新潮流，在市场上所向披靡，盛销不衰。

消费主体的转变

任何商品在市场上都有一定的消费主体，这个消费主体便是商人的利润来源。但消费主体并非就一定是固定的。当消费主体发生变化时，商人也应跟着变。不变的代价很可能就是将原有的市场拱手让人。

每一样产品在市场上独领风骚时，都面对着市场变化和后来者的挑战。到 1985 年中，所有的迹象都变得清晰了，在经过连续几年莫名的和惊人的增长以后，慢跑运动成为中年人的一项运动，例如在 1984 年，跑步鞋的单位销售量下降了 17%，销售金额下降了 15%。在 1983 年，NIKE 是跑步鞋的市场领导者，占市场份额的 31%，一年的销售金额为 2 亿 7 千万美元。在 1984 年 "NIKE" 跑步鞋的市场份额下降到 26%。下降的趋势一直持续到 1987 年，"NIKE" 运动鞋只占了市场份额的 18%，而几年前耐克尚占主导的市场占有率。这到底是什么原因呢？

"NIKE" 的成功是由于它生产专业的、成熟的运动鞋给正规的跑步者，不幸的是，跑步鞋的市场已经到达了顶点，美国国家运动产品协会理事的说法是 "我们大概已经相当接近最大限度地参与跑步运动"。这就是说，跑步鞋市场已经饱和了，因为几乎每一个想跑步的人都已经尝试过。

还有一部分原因是人口因素。在 20 世纪 70 年代末到 80 年代初，人口迅速增长的群体年龄层次是 25 岁~40 岁，这个年龄层次是跑步鞋的主要市场，但是到了 20 世纪 80 年代中期到 80 年代末期，25 岁~40 岁年龄层次的人口增长缓慢，这个也导致了整个跑步鞋市场需求的下降，当这个年龄层的主导年龄接近 40 岁的时候，这些人显然比 24 岁的年轻人少了一份冒险精神和兴趣去多跑 5 公里。

另外，在 20 世纪 80 年代中期，跑步鞋的市场是高度细分的（这是一个成熟市场的明确象征），这意味着营销者必须花更多的心思去了解消费者的需求、目的和价值，这样才能生产不同的产品去满足不同消费者的需要。还有，运动鞋从业者开始时不是进行价格战来维持他们的市场份额。跑步鞋走向衰落的另外一个原因是消费者关于健康的观念正在改变，跑步有助于腿和循环系统的健康，但是身体其他部分却得益甚少，许多跑步者开始注意到身体其他部分也需要锻炼，所以人们开始对全身健康有益的运动增加兴趣。

所有这些改变意味着越来越少的人进行跑步运动，虽然有几百万的人依旧进行慢跑运动，但却少了很多运动力，这就导致了所有运动鞋生产厂家少了许多重复购买的顾客，从而减少了许多销售力，而作为最大的运动鞋生产商 NIKE 是损失最多的。

许多评论员都认为耐克的损失是由于没有对消费者市场的根本改变做出快速反应。但是有一个公司充分估计到了这些改变，那就是"Reebok International"，它的销售金额 1985 年达到 3 亿零 700 万美元，利润增加了 6 倍，达到了 3 千 900 万美元。按照 Reebok 总裁的说法，"我们出去和顾客接触，了解什么是他们想要的，其他公司好像没有做到这些"。

在 20 世纪 80 年代中期，顾客要的是时尚，这个可以被很快地证明。通过简单的观察消费者对产品使用的行为习惯，我们估计大概有 70% ~ 80% 的运动鞋（我们原本设计用来打篮球和有氧锻炼的）实际是用来平时的行走穿着，所以这些产品必须满足一定的时尚需求和目的。

所以在 1983 年，当 Reebok 推出第一代软皮的、自由式的有氧运动鞋时，灿烂的颜色和柔软的皮面在美国引起了轰动，从某种意义上说，Reebok 实际上扩展了整个运动鞋的市场，因为 Reebok 把许多女性顾客从传统的鞋子生产商哪儿吸引过来，人们已不单只把这些鞋子当作简单的运动用的鞋子。从此，Reebok 的声望迅速扩大，到 1986 年，

NIKE 输给了 Reebok，Reebok 成为运动鞋的市场领导者。

在多数情况下，即便是行业领跑者也会犯脱离了消费者需求的错误，使一切都成空谈，NIKE 和 Reebok 的做法就导致了截然不同的结果。令人庆幸的是为了回应消费者的需求改变，NIKE 开始进入有氧锻炼运动鞋和其他专业运动鞋的市场。

消费习惯的变更

没有什么习惯是不可以改变的。顾客的消费习惯更是容易受新产品或新方式的冲击。对于商人来说，要想打开一个地方的市场，第一步就是改变当地人的消费习惯。

经过长达 24 年的协调和谈判，日本政府终于准许美国苹果于 1995 年 1 月在日本销售，为了成功地打入日本市场，美国苹果种植主协会仔细分析日本苹果市场竞争因素，深入研究日本人的苹果消费习惯，制定出一套有效的销售计划，结果一炮打响。

美国苹果进入日本市场面临着两个挑战：日本苹果种植主的抵制和日本消费者的接受。市场研究发现，日本人吃苹果的方式和美国人大不一样，大多数美国人把苹果当作午餐或零食，不削皮，然而在日本，苹果大多用作饭后甜食，削了皮切成小块再吃。此外，日本苹果一般要比美国苹果个大得多，针对这些市场特点，美国苹果种植主协会为苹果的定位是"有益于健康的方便零食"，很明显，美国苹果在日本的地位，目的在于创造新的市场需求，避免与现有日本苹果市场的直接竞争，从而消除日本苹果种植主的抵制。更为重要的是，因为日本苹果市场是个成熟而饱和的市场，如果美国苹果与日本苹果直接竞争，很难在短期内占领一定市场。然而，如果能够创造出一种新的市场需求，美国苹果在日本的销售潜力将大得多。

改变消费习惯，创造市场需求，谈何容易。针对这个问题，美国苹果种植主协会在日本开展了一系列旨在改变日本消费者食用苹果习惯与观念的促销活动，其中精彩的一项是"咬苹果大赛"。美国苹果在日本上市的第一天，美国苹果种植主协会在东京闹市区搭起高台，人们自愿登台参赛，能一口咬下最大块苹果者，获得一件印有美国图案的运动衫，旁观者每人赠送三个美国红元帅苹果，这项有趣的活动获得日本大多数媒介的充分报道。日本消费者在一笑之中了解到美国人吃苹果的方式并留下深刻的印象。

促销活动的另一特点是，充分利用美国在日本的形象。大多数日本人，特别是年轻人对美国和美国产品的印象比较好，美国苹果种植主协会希望这种一般印象有助于日本消费者接受美国苹果。美国苹果在日本上市的前一天，美国总统克林顿在美日贸易会谈结束仪式上，把一篮子美国红元帅苹果赠给日本首相，对此美国和日本的电视台都给予报道，日本两家大报《朝日新闻》和《读卖新闻》也刊载了新闻照片。为了直接影响日本消费者，销售美国苹果的商店还都插上美国国旗。

与这些公共关系活动相配合的是美国苹果的定价策略。日本苹果的价钱，每个从 1.5 美元到 50 美分不等。然而，美国苹果在日本售价仅为每个 75 美分。这个价钱很合理，而且与美国苹果为方便零食的定位也是一致的。尽管美国苹果的定价偏低，多数吃过美国苹果的日本消费者并不认为美国苹果是劣质的。有趣的是这个价钱仍然高于美国国内的苹果价格，美国苹果价格在日本市场大约为美国市场的 4 倍。

美国苹果的销售量能够在日本市场取得较大的突破，改变当地的消费习惯，有几处比较值得借鉴的地方。一是对当地消费者市场做了较为深入的了解，而非贸然行事，事前充分的准备总能让事情更好地进行；二是巧妙地利用日本消费者崇美的心理大做公关活动，使产品容易被接受，而这同样依赖于之前的充分调查。

以变化打破不利的局面

> 卖冰激凌要在冬天开业。
>
> ——王永庆

改变头脑来经营

人类的一切社会生活都蕴藏着商业机会。很多看似赔钱的事情，实际上是一座尚未开采的金矿，社会的发展将使商业渗透到人类生活的各个方面。而能否在贫瘠的土地上获得丰收，那就看商人是否肯变动脑筋来经营。

尤伯罗思的卓越贡献是策划和组织了洛杉矶奥运会，发现并挖掘出了潜藏在奥运会中的巨大商机。这种卓越贡献来自两个方面：一方面是尤伯罗思敏锐的经济头脑，另一方面来自他敢于突破传统创新的独到思维。

奥运会越来越耗资巨大，这已形成固定思维。自从 1932 年洛杉矶奥运会以来，规模宏伟，奢华浪费，成为举办奥运会的时髦和趋势。这样就使每一个举办奥运会的城市面临一场财政上的"灾难"。1976 年蒙特利尔奥运会，亏损高达 10 亿美元，以致使蒙特利尔市民 20 年后还要替当年的奥运会缴税。1980 年莫斯科奥运会更是耗资超亿美元。甚至 1980 年在美国普莱西德湖举行的冬季奥运会，从财政上和组织上看也是不成功的。

但是，1984 年在洛杉矶举行的第 23 届夏季奥运会却出现了重大转机，它不仅没有亏损，而且有了相当可观的盈利。这一奇迹是怎样创造的呢？

这是因为，这届奥运会找到了一位天才的经营大师尤伯罗思，他一反过去的清规戒律，采用了一种新的思路：经营奥运。

1979 年初，尤伯罗思正式就任洛杉矶奥运会组委会主席。当时，距洛杉矶奥运会几乎还有 6 年时间，但尤伯罗思发现，正像他开始兴办旅游业时一样，他不得不又一次白手起家。

尤伯罗思采用欲擒故纵的手法，对赞助者提出了很高的要求，例如，赞助者必须遵守组委会关于赞助的长期性和完整性的标准，赞助者不得在比赛场内，包括空中做商业广告，赞助的数量不得低于 500 万美元，等等。这些听起来很苛刻的条件反而使赞助具有更大的诱惑性。有什么办法呢？如果不参与赞助，此企业的赞助权就会被彼企业夺去，从而失去一次展示本企业形象的大好机会。于是赞助者纷至沓来，一时竟成热门。其中索斯兰公司急于加入赞助者行列，甚至还没搞清楚他要赞助建造的一座室内赛车场是什么式样，便答应了组委会的条件。

奥运会日益迫近，整个洛杉矶市开始呈现出浓郁的气氛，由各公司赞助整修和新建的各种设施已经焕然一新。国际奥委会主席萨马兰奇和主任贝利乌夫人在视察了这些设施之后说："洛杉矶奥运会的组织工作是最好的、无懈可击的。"

从五彩缤纷的开幕式开始，因抵制而给奥运会带来的阴影被一扫而光。来自世界各地的运动员和观众以及东道主美国的观众，表现出空前的热情，把洛杉矶奥运会推向了巨大的成功。

140 个国家和地区的 17960 名运动员，使这届奥运会的规模超过了以往任何一届。整个奥运期间，观众十分踊跃，场面热烈，门票销路大畅。田径比赛时，9 万人的体育场天天爆满。足球比赛以前在美国属于冷门，现在观众总人数竟然超过了田径。就连曲棍球比赛也是场场座无虚席。多杰尔体育场举行的棒球表演赛，观众比平时多出一倍。美国著名运动员刘易斯一人独得四枚金牌后，各种门票更是抢购一空。

同时，几乎全世界都收看了奥运会的电视转播。令人眼花缭乱的闭幕式至今还留在人们的记忆之中。

针对顾客求变

顾客是商人利润的来源。能够通过市场调查，了解顾客的需求，并根据结果而变的商人永远有市场。

在 1994 年的全球 500 家最大公司排名中，丰田公司居第 15 位，销售额达 881 亿美元。

在 20 世纪 60 年代以前，"日本制造"往往是"质量差的劣等货"的代名词。此间首次进军美国市场的丰田汽车，同样难逃美国人的冷眼。通过调查，丰田发现美国的汽车市场并不是铁板一块。随着经济的发展和国民生活水平的提高，美国人的消费观念、消费方式正在发生变化。在汽车消费上，已经摆脱了那种把车作为身份象征的旧意识，而是逐渐把它视为一种纯交通工具：许多移居郊外的富裕家庭开始考虑购买第二辆车作为辅助车；1973 年的石油危机给美国家庭上了一堂节能课，美国的大马力汽车并不能提高本身的使用价值，再加上交通阻塞、停车困难，从而使低价、节能、耐用的小型车成为消费者追求的目标。美国一些大公司却无视这些信号，继续生产以往的高能耗、宽体积、豪华型的大型车，从而在无形中给一些潜在的对手制造了机会。

在美国的小型车市场上，也并非没有竞争对手，德国的大众牌小型车在美国就很畅销。丰田公司雇用美国的调查公司对"大众"汽车的用户进行了详尽的调查，充分掌握了大众牌汽车的长处和缺点，除了车型满足消费者需求之外大众牌的高效、优质的服务网打消了美国人对外国车维修困难的疑虑，但暖气设备不好、后座间小、内部装饰差是众多用户对"大众"车的抱怨。

于是，丰田公司决定生产适合美国人需要的小型车，以大众牌汽车为目标，取其长处，克服其缺点，生产出按"美国车"进行改良的"皇冠"小型车。性能比大众牌高两倍，车内装饰也高出一截，连美国人个子高、手臂长、需要驾驶间大等因素都考虑进去了。

市场调查和市场细分只解决了"生产什么和为谁生产"的问题，要真正让顾客把车买回家还需下一番功夫。当时,丰田公司遇到的问题有三:如何建立自己的销售网络;如何消除美国人心目中的"日本货就是质量差的劣等货"的旧印象;如何与德国的小型车抗衡。

面对挑战,在"我有人有"之中如何进入市场呢?美国人的质量观是以"产品与设计图纸相一致"为衡量标准,而丰田则是把质量从顾客的立场出发,把"顾客的要求"作为自己提高质量、改进产品的目标。销售人员不厌其烦地面对面征求顾客意见,以及在生产中广泛开展合理化运动和质量小组活动则是这一策略得以实现的保证。为了吸引客户,丰田公司在进入市场的早期采用了低价策略,"皇冠"定价在 2000 美元以下,比美国车和德国车都低了很多,连给经销商的赚头也比别人多,目的是在人们心中树立起"质优价廉"的形象,以达到提高市场占有率,确立长期市场地位的目的,而不是拘泥于亏与赚的短期利益。

此外,丰田公司为占领市场,实施了经营、售后服务和零配件供应一体化,以优质的服务来打消客户对使用丰田车的顾虑。1965 年在"皇冠"车进入美国市场前,丰田公司已在美国建立了 384 家销售、服务"一体化"的零售店。每个店都设立了供应零部件的门市部,并配有懂礼节、技术精的维修人员,在售后服务上给丰田车的客户吃了"定心丸"。

为了使每位顾客都能从丰田公司的销售网满意而归,"丰田"的销售部门创造了"每日订货制度",各销售店即使没有顾客需要的车,也可以随时接受订货,然后立即上报销售公司,销售公司再反馈到生产厂,早则 10 天晚则 1 个月,客户即可取货。

小变动带来大客源

有时，商人的无心之举就有可能改变生意清淡的局面。在经营中，只有不停地出新招才能吸引顾客的目光。

几年前，在美国肯塔基州的一个小镇上，有一家格调高雅的餐厅。店老板察觉到每星期二生意总是格外冷清，门可罗雀。

又到了一个星期二，店里照样是客人寥寥无几。店老板闲来无事，随手翻阅起了当地的电话号码簿。他发现当地竟有一名叫约翰·韦恩的人，与美国当时的大明星同名同姓，这个偶然的发现，使他的心为之一动。他立即打电话给这位约翰·韦恩说，他的名字是在电话号码簿中随便抽样选出来的，他可以免费获得该餐厅的双份晚餐，时间是下星期二晚上 8 点，欢迎他偕夫人一起来。约翰·韦恩欣然应邀。

第二天，这家餐厅门口贴出了一幅巨型海报，上面写着"欢迎约翰·韦恩下星期二光临本餐厅"，这张海报引起了当地居民的骚动和瞩目。

到了星期二，来客大增，创下了该餐厅有史以来的最高纪录。尤其是那个晚上，6 点钟还不到就有人在等着被安排座位，7 点钟队伍已排到大门外，8 点钟店内已挤得水泄不通。大家都想一睹约翰·韦恩这位巨星的风采。

过一会儿，店里的扩音器广播道："各位女士，各位先生，约翰韦恩光临本店，让我们一起欢迎他和他的夫人。"

霎时，餐厅里鸦雀无声，众人的目光一齐投向大门口，谁知那儿竟站着一位典型的肯塔基州老农民，身旁站着一位同他一样不起眼的夫人。原来这位矮小的仁兄就是约翰。

店老板非常尴尬、惶恐，后悔这个安排太荒谬、离谱，但就在这时，人们顿时明白了这是怎么回事，于是在寂静了一刻之后，突然爆发出掌声和欢笑声，客人们簇拥着约翰夫妇上座，并要求与他们合影留念。

从此以后，店老板又继续从电话号码簿上寻找一些与名人同名的人，请他们星期二来晚餐，并出示海报，普告乡亲。于是，"猜猜谁来晚餐"，"将是什么人来晚餐"的话题，为生意清淡的星期二带来了高潮。

切忌按常规思维做事

逆流而上，走不同的路，放弃传统观念。

——山姆·沃尔顿

打破经营常规

商人在推销产品时，要十分注意推销商品的方式、方法。推销方法得当，企业的销售渠道就会畅通。

日本东京淑女企划公司董事长泽登信子发明了一项新生意：大百货公司的豪华店面免费给你经营一个星期。而泽登信子则跟东京西武百货公司订约 50 星期，无偿借用每间 3 平方米的店面 10 间，再让有意当老板、想过老板瘾的小姐、太太们亲自经营。售卖的产品以手工艺品、手制衣服、手制装饰品等为主，兼卖其他商品。另外，泽登所提供的这种店面是不需付押金的，但要缴销售金额 30％给百货公司，10％给淑女企划公司。因为手制品的售价往往卖到成本的 5 倍左右，因此付出 40％，尚有为数可观的利润可赚。

如果谁来经营后，卖不出去货物，也不必付一文钱，因为费用是卖多少按比例付多少。所以，对为期一个星期的经营者而言，他们并没有精神负担，用不着发愁经商亏本，而能在日本最繁华的地点实地练习做生意、当老板，这份感觉自然不错。因此，淑女企划公司头一次将这项消息刊登出去时，在 3 天内应征者就超过 700 人。就百货公司而言，可多一个排满新奇手工艺品的店面，自然增加了百货公司的号召力和新奇感；这个店面每星期换新人、换商品，可给人面目一新的感觉，这是颇有吸引力的经商法；同时不是店方经营，毫不费力；为期一星期的经营者可以带来很多亲朋好友前来光顾，这些新顾客自然就会顺便在百货公司内买些其他东西。从促销的观点来看，这种轮流经营的方式比租给固定的商人有百倍的好处，能不断带来大批新顾客。

再说，有一个星期换一个经营者的店面，也会唤起广大社会人士对百货公司的亲切感，并对百货公司更加注意，产生更浓厚的兴趣。因此，也是替百货公司做宣传，提高百货公司的知名度。

淑女企划公司新创的"给你经营一个星期"店面，平均一个星期可卖 30 万日元，销售额比百货店内别的店面多出许多。

将无心之举变为市场挑战

很多新主意、新创意都是在无心之下产生的，但它们的作用却不容忽视。

威尔金森·斯沃德有限公司，总部设在伦敦市郊的奇兹威克镇，属斯沃德·史密斯家族所有。到 1961 年已有约 190 年的历史。这家公司生产礼品刀剑，但是它最主要的获利产品还是昂贵的园林工具（如：一把整枝剪刀零售价 12.75 美元，这还是在经济萧条的时候），可以说是遇到一个偶然的机会，威尔金森才开始生产不锈钢剃须刀片——高级剑刃刀片的。它的刀片制造工艺合理，刀刃锋利，不被腐蚀并且使用寿命长——有的人每只刀片使用 15 次之多，而一般的碳素钢刀片平均只能使用 3.5 次左右。

当然，不锈钢刀片成本更高。大多数双刃刀片用碳素钢片做成，这种钢片每吨成本约 1900 美元，而制作不锈钢刀片用的不锈钢每吨成本约 3700 美元。就制造过程本身来讲，它的费用也更高。磨薄、磨光、特殊的热处理以及质量控制管理工序的费用较高，并且复杂的工艺限制了产量。结果是威尔金森刀片每只售价 15 美元，而吉列的高级蓝色刀片只卖约 6.9 美元，蓝色刀片卖 5 美元，薄刀片卖 3.5 美元。

1961 年夏天，威尔金森开始在美国出售刀片。然而这样一种还没有打开销路的刀片，其售价又是美国刀片价格的 2~3 倍，要打进市场是相当困难的。最后威尔金森说服了一些推销商与销售人员以寄售方式把这些刀片存放在园林商店中销售。1961 年 10 月，威尔金森的美国销售部第一次得到伦敦的不锈钢剃须刀片推销补助。到 1962 年春季，推销商们嚷嚷要更多的刀片。有的推销商为了推销，有时就向顾客们赠送刀片，有些推销商一领到刀片就马上销售一空。大概就是那时，有几位向烟草商人和药品商人供应杂货的小企业家逛进纽约狭窄的威尔金森销售办公室里，骗走了几箱刀片拿去倒卖。

由于威尔金森刀片销售势头不可抵挡，倒卖刀片的信息也不胫而走，刀片的零售库存马上枯竭。威尔金森当时制定了一项新的销售政策：以后刀片只供应给指定的推销商，而且被指定的推销商同时必须推销威尔金森的园林产品。结果，实际上使得园林商店和市郊的五金商店成了威尔金森刀片仅有的"指定推销商"。这些不锈钢刀片，在不可遏制的需求下，成为绝好的广告推销产品：顾客都被吸引到园林商店——他们唯一能买到刀片的地方——他们也购买到了园林工具。威尔金森自己承认刀片的利润并不大，而园林工具却非常有利可图。

因此，威尔金森把优良的剃须产品、不锈钢剃须刀引入市场，到1962年下半年，它已占有不列颠刀片市场的15％，而吉列刀片实际上原先就占有75％的市场。那时，且不说英国本身，就是美国市场也希冀得到这种珍贵的刀片。

尽管威尔金森生产了有巨大需求量的新产品，但还很难说它是个富于挑战性的竞争者，也不能把它描绘成是一次对吉列的重要的挑战。对于吉列的那些相比之下不很兴旺的美国竞争者们来说，威尔金森刀片引起的宣传并非徒劳无益。实际上，吉列刀片利润不大这一点正中这些小竞争者们的下怀，给他们开了方便之门：是一次赶在吉列之前生产出不锈钢刀片的机会。

对于旁观者而言，看到有利可图的产品出现，那么模仿是发展的第一步。

开拓新的机会空间

在这个越来越成熟的市场中，提供给后来者的机会并不多。商人要想在竞争激烈的市场中占据一席之地，就必须改变，开拓出新的机会空间，在别人都下了投资的地方，是赚不到钱的。

聪明人总是能够发现别人忽略或根本不知道的机会空间，并且善于利用开拓。他们独辟蹊径，从小路杀到大路上。由于少了竞争和阻力，他们往往能比别人更有优势，因此也能更领先一步。

董秀打小就酷爱养花弄草。在她家乡的小镇上，家家户户的房前屋后都种满了花草树木。董秀的父亲更是对种养花草一往情深，把自家院落布置得像个大花园。在父亲的影响下，董秀开始钻研花卉的培育。她从小就有一个不大的梦想——开一家属于自己的鲜花店。中学毕业后不久，她辞了工作，静下心来调查合肥市鲜花市场的行情。她发现，当地鲜花店越开越多，竞争非常激烈，如果涉足，风险很大，成功的机会很小。于是，她把眼光转向盆栽的绿叶植物，一番调查后，她得到了与鲜花市场同样的结论。

一个日趋成熟的市场，提供给后来者的机会的确不多。商家最忌讳的就是低层次的竞争，干什么都"扎堆"，你有我有大家有。市场的容量始终有一个限度，类似的商家越多，利润越薄，发财机遇就无从谈起。

有没有既美观大方、有品位，又容易养护、生长时间长的花卉品种呢？正当董秀为此苦苦思索时，一篇关于瑞士"拉卡粒"无土栽培技术及其他一些关于水培技术和无土栽培花卉的文章深深吸引了她，看着图片上那些生长在透明玻璃瓶里，在五颜六色的营养液里伸展着可爱根部的花卉，董秀的心被触动了，"这不正是我日夜寻找的东西吗？"

董秀认真思考起这种花卉的市场前景。不用土、没有异味、没有污染、又不生虫，还能观赏从叶到根植物生长的全过程，正常情况下，半个月左右换一次水就可以了。

现代人生活节奏加快，让人在闲暇之余变得更"懒"了，对越方便的东西越青睐。这就为董秀那让人不费劲就能享受到绿叶鲜花的"懒人植物"提供了机遇。

过去接触过"懒汉鱼"、"懒人发型"等新鲜事物的董秀脑筋一转，"我何不尝试把它叫做'懒人花卉'呢？"

带着深深的喜悦和无比的激动，董秀按图索骥，找到一位研究水培花卉技术的工程师。凭着自己的聪明才智，经过几天的学习，她就掌握了这项少有人问津的新技术。

带着"拉卡粒"、"营养液"和胸有成竹的自信，董秀匆匆赶回合肥。在家中，她独自对吊兰、多子斑马等十几个品种进行了两个星期的实验，相当成功。"懒人花卉"在董秀心中深深扎根了。

看准了"懒人花卉"的庞大市场，董秀说干就干，在合肥裕丰花市成立了首家，也是合肥唯一的一家"懒人花卉"培育中心。这个中心拥有大型苗圃，采取连锁经营的方式，在花草鱼虫市场、超市和居民小区等人口集中地区开出分店，为人们美化居室提供服务。

"懒人花卉"一亮相，就受到人们的喜爱，顾客蜂拥而至。

位于合肥繁华地带的"轻松咖啡屋"在开业两周年之际，批发了一些"懒人花卉",放在供客人使用的桌面上,店主说:"以前我们像其他地方一样,摆的是康乃馨、玫瑰等鲜花,现在换成能看到根部的紫露草、小天使等,觉得又别致,又有品位。"一些宾馆还在客房的卫生间摆上了"懒人花卉"。

一举成功的董秀正计划开展"懒人花卉"出租业务,定期上门为顾客提供精心的养护,让人们花很少的钱就能享受到千姿百态的花卉艺术。